Günter Pohl

Rückkehr des Geistes

Die Erfahrung des Jenseitigen
und der
Glaube der Kirche

+

Theologische Wesensbestimmung

"Mein Reich ist nicht von dieser Welt"

Jesus Christus (Joh.18,36)

Günter Pohl

Rückkehr des Geistes

+

Die Erfahrung des Jenseitigen
und der
Glaube der Kirche

+

Theologische Wesensbestimmung

Gustave Doré, Le Purgatoire et le Paradis

Inhaltsverzeichnis

Einführung
(Fragwürdigkeit der gegenwärtigen evangelischen Landeskirche)

Als ich nach meinem Studium der Theologie als Vikar arbeitete, kam ich in eine moderne Kirche aus den 1960er Jahren. Sie war genauso zweckmäßig gebaut wie fast alle neuen Häuser dieser Zeit. Zwar gab es ein schönes Kirchenfenster, aber sonst wirkte der Innenraum wie eine Mehrzweck- oder Turnhalle. An den Wänden hingen Kritzeleien von Kindern, die vormittags hier spielten, denn die Kirche wurde auch als Kindergarten genutzt. Raum und Altar waren Spielplatz der Kinder. Wenn man den Raum betrat, hatte man nicht den Eindruck, in eine Kirche zu kommen, zu zweckmäßig und alltäglich - zu weltlich wirkte er.

Wie wir aus der Psychologie wissen, hat jeder Ort und alles Sichtbare eine Auswirkung auf die Seele. Und so empfand ich dumpf : Das Heilige ist von uns gegangen. Jetzt ist alles zweckmäßig und weltlich. Eine Kirche darf anscheinend nur noch ein Ort der praktischen Ausrichtung sein; darin begründet sich scheinbar ihre Legitimität.

Zwar ist an sich nichts Verwerfliches daran, dass der Glaube sich in praktischen Tätigkeiten zeigt, im Gegenteil: "Ein Glaube ohne Werke ist tot". So steht es im Jakobusbrief des Neuen Testamentes (NT), Jak.2,17. Aber wenn das Fundament des Glaubens nur im Handeln besteht, also nur weltlich begründet werden kann, dann fehlt das Entscheidende, was alles Handeln erst trägt. Dann fehlt das heilige Fundament, nämlich Gott und Sein Reich! "Suchet zuerst nach dem Reich

Gottes, dann wird euch alles andere zufallen", sagt Jesus in seiner Bergpredigt in Mt.6,25.

Die Kirchenräume der neuen Bauten waren Ausdruck der fehlenden Spiritualität. Sie strahlten kaum noch (mit Ausnahme des Kirchenfensters) Heiligkeit aus. Ja noch mehr, speziell diese Kirche wirkte kindlich, kein Wunder bei den vielen Bildern aus dem Kinderkreis. Sie "menschelte" doch sehr. Das wurde auch manchmal an den Sitzreihen deutlich, waren sie doch oft kreisförmig angeordnet, so dass jeder jeden sehen konnte und jeder von jedem gesehen wurde. Auch hier kam es mir vor, als sei der Mensch das Maß aller Dinge. Nicht jeder mag auch gerne angeschaut werden in seiner Kontemplation, falls dieses Gefühl doch einmal auftreten sollte. Der Blick ging also nicht zum Altar, zu Gott, sondern blickte auf menschliche Gesichter. Das, was in der Aufklärung postuliert wurde, dass der Mensch im Mittelpunkt zu stehen hat, wurde in vielen Kirchen dieser Zeit nun umgesetzt. Das 2.Vatikanische Konzil der Katholischen Kirche ging auch in diese Richtung.

Mein Herz dürstete nach der Erfahrbarkeit des Heiligen, Spirituellen, nach dem übernatürlichen Reich Gottes. Ich wollte IHN, GOTT, erfahren, IHN, den Urgrund des Lebens, wollte mit IHM zu tun haben, weniger mit Menschen. Das auch, aber zuerst mit GOTT, JESUS, dem HEILIGEN GEIST, der spirituellen Welt der Engel, den Heiligen, Maria, etc. Nun gut! Zugegeben, ich "tickte" ziemlich katholisch. Aber ich sagte mir: Die evangelische Kirche hat doch auch ihre Mystiker und Heiligen, auch wenn sie diese nicht als Heilige verehrt. Sie und wie auch Martin Luther hatten doch auch Gott erfahren dürfen, und das wollte ich auch. Das war sogar der Grund, weshalb ich

Theologie studiert habe! Ich hatte doch tatsächlich geglaubt, im Studium würde man Gott näher kommen! Das Gegenteil aber war der Fall!! Man hat die heiligen biblischen Texte ziemlich rabiat zerpflückt und auseinandergenommen, hatte sie kaum inhaltlich gewürdigt, sondern stattdessen nach Anhaltspunkten gesucht, festzustellen, wie alt sie waren, ob sie von ein und derselben Person geschrieben wurden, welche Parallelen es in anderen Vorstellungen gibt, und so fort. Ein ziemlich respektloses Unterfangen! Das "Wort Gottes", die Heilige Schrift, wurde wie ein weltlicher Text behandelt. Nach und nach wurden die frommen Gefühle, die man vor dem Studium noch hatte, abtrainiert. Hinzu kamen die Lehrinhalte über Themen wie Atheismus und Sozialismus, also den Weltgeist, der die mittleren Jahre im 20. Jahrhundert beschäftigte. Sicher ganz wichtige Dinge, mit denen sich ein gläubiger Christ schon beschäftigen muss, um Argumente für seinen Glauben überzeugend vorzutragen. Aber ich hatte doch eher das Gefühl, dass diese Gedanken dazu führten, die Studenten zu verwirren oder gar vom Glauben wegzubringen. Jedenfalls fand ich im Studium keine Festigung meines Glaubens und bekam auch keine Anleitung, wie man Gott erfahren kann, weder eine Gebetspraxis, noch Meditationsform oder Besinnungstage, keinerlei spirituelle Anleitung! Ich persönlich hatte meinen Glauben, es wäre aber schön gewesen, diesen im Studium gestärkt zu bekommen. Vielleicht ist das ja anders in der praktischen Kirchenarbeit, in der ich nun als Vikar stand, so dachte ich.

Aber auch hier wurde ich sehr schnell auf den Boden des realen Weltbetriebes geworfen. Wie oben schon erwähnt, begann es mit dem Kirchenraum.

Die Arbeit mit anderen Pastoren war auch ernüchternd. Bei den regelmäßig stattfindenden Versammlungen ging es oft nur um Geld und das Problem der abnehmenden Kirchenmitgliedschaft. Die Kirche verlor, damals wie heute, viele zahlende Mitglieder. Man überlegte deshalb, was man tun kann, um diesen Trend zu stoppen und neue Zugänge zu erhalten. Das Hauptergebnis der Überlegungen war, man wolle noch mehr auf die Menschen zugehen und sich weitreichender der Welt öffnen. Das hieß: weniger religiöse Themen und dafür mehr gesellschaftliche Veranstaltungen: Gemeindefeste mit Kaffee und Kuchen, "Klönsnak", moderne Gottesdienste mit aktueller Musik, weg vom Althergebrachten, weg von überkommenen Liturgien, frischer Wind und Fröhlichkeit! Am liebsten hätte man die Talare auch noch vom Gottesdienst entfernt. So war es ja auch bei den Freikirchen, die Lutheraner haben das nicht getan.

Und die Feier des Abendmahls wurde als "Gedächtnismal" und geselliges Treffen bezeichnet. Natürlich durften auch Ungetaufte und Kinder daran teilnehmen und statt Oblaten wurde ein ganzes Brot gereicht, von dem man sich was abbrechen musste. Alles sehr rustikal und weltlich! Was mir aber gar nicht gefiel, war, dass der "Leib Christi" nur noch ein Stück Brot und das "Blut Christi" statt des Weines, nur noch ein Traubensaft aus einem Tetrapack vom Supermarkt war. Alles sehr rational begründet: Es könnte ja sein, dass ein Alkoholiker unter den Gästen ist und wenn man Kindern davon zu trinken gibt, ist Alkohol natürlich auch nicht gut.

Vergessen wurde dabei, dass eine Abendmahlsfeier ursprünglich nur für Getaufte und erwachsene

Konfirmierte (im Glauben Unterrichtete) erlaubt war. Darauf wies schon im Neuen Testament Paulus hin, dass ein unwürdig empfangenes Abendmahl nicht segensreich sei (1.Kor.11,27-29).

Die praktischen Erwägungen, die ich damals vorfand, hätten auch Judas, einem Jünger Jesu, sehr gefallen. Denn er hatte damals bei einer anderen Begebenheit zu Jesus gesagt: "Warum ist dieses Öl nicht für 300 Silbergroschen verkauft und den Armen gegeben worden?" (Joh.12,5-6). Eine Verehrerin hatte nämlich Jesu Füße mit ihren Haaren und wertvollem Nardenöl gesalbt, um ihm ihre Liebe zu zeigen. Jesus hat aber nicht geantwortet: Ja, du hast recht Judas, das ist ja viel wichtiger. Sondern er hat gesagt: "Arme habt ihr allezeit bei Euch, mich aber nicht"

Die Menschen heute argumentieren ähnlich wie Judas. Sie möchten am liebsten alles Religiöse verkaufen oder abschaffen und vermeintlich nur "Gutes" tun. Religion wird dabei aber zu einer weltlichen Angelegenheit, die vielleicht politisch ist, aber nicht spirituell. Denn man vergisst, dass eine gute Tat ein Glaubensfundament braucht.

Klar kann man versuchen, sein Christsein nur im praktischen Tun zu verwirklichen, aber man übersieht dabei etwas sehr Entscheidendes, nämlich die Beziehung zu Gott. Sichtbare Symbole dafür sind heilige Handlungen wie das Abendmahl oder liturgische Handlungen, geweihte Kirchenräume, etc.

Ich vergleiche eine Liturgie immer gerne mit einem festlich gedeckten Tisch. Wer möchte lieber nur Wasser und Brot essen, das ihn zweifellos am Leben halten kann, statt eines Festmenüs?

Bis heute hält dieser Trend der Anpassung an die Welt in der evangelischen Kirche an. Der Ratsvorsitzende der EKD z.B. hatte im November 2016 (und an vielen Stellen mehr) eine Pressekonferenz in Genf gegeben, die den christlichen Glauben so darstellte, als sei er eine linksliberale politische Partei. Politik ist aber nicht das zentrale Anliegen der Kirche! Politik kann Auswirkung des Glaubens sein, aber nicht sein Zentrum. Man kann das Gefühl haben, dass, je mehr die Kirche ihr spirituelles Fundament verliert, sie immer politischer wird.

Aber statt dass sich die Menschen darüber freuen, dass die Kirche heute weltzugewandt und offen für jeden ist, treten weiterhin immer mehr aus ihr aus. Das tun sie nicht nur, um Kirchensteuer zu sparen. Stattdessen fragen sie sich, was die Kirchen ihnen noch zu bieten haben. Was Kirchenvertreter sagen, das reden doch schon die Politiker. *In* der Kirche finden sie nur noch das, was sie *vor* der Kirche vorfinden. Was man eigentlich von ihr erwartet, sind ganz andere Dinge!

Wenn Menschen aus der Kirche austreten, sagen sie nicht, "ah, jetzt will ich mit Religion nichts mehr zu tun haben!", nein, ganz im Gegenteil: Jetzt beschäftigen sie sich mit Ersatzreligionen, wie u.a. mit Esoterik! In fast allen Illustrierten finden sich diese Rubriken und es gibt kaum ein Buchgeschäft, das die Abteilung "Lebenshilfe" nicht vorweist. Also suchen sie im Grunde nach dem, was die Kirche abgestoßen hat, um den Menschen aus falsch verstandener Diagnose entgegenzugehen. Aber sie wollen gar nicht, dass ihnen alles recht gemacht wird. Sie wollen das "Mystische" wieder haben, das Geheimnisvolle, das Ursprüngliche. Sie wollen keine moralischen Belehrungen und hören "tu das und das, und lass das und das!". Sie wollen wissen: "Warum lebe ich?", "Wo komme ich her?", "Wo gehe ich hin?", "Gibt es ein Leben nach dem Tod und wie sieht es dort aus?", "Gibt es Erfahrungen mit Gott und wie kann ich sie erleben?", "Was ist das Geheimnis meiner Existenz?"

Bei den Pastoren finden sie diese Antworten oft nicht mehr. Sie werden stattdessen zu anderen, zu vermeintlichen Spezialisten oder Psychologen verwiesen, so als sei diese Frage nach dem letzten Sinn des Lebens an sich schon krankhaft. Es ist traurig, dass viele Pastoren nicht mehr über den Geist bescheid wissen. Gerade sie sollten doch die Spezialisten sein. Im Volksmund werden sie doch immer noch als "Geistliche" bezeichnet.

Was aber ist Geist? Das ist die entscheidende Frage! Man könnte sich in philosophischen Exkursen auslassen, ohne zu einer entscheidenden Antwort zu kommen. Generell aber kann man sagen, dass er der Bereich hinter dem sichtbaren Raum ist und allem Gestaltwerden vorausgeht. Denn alles Sichtbare entsteht aus Geist. Kann man ein Haus bauen, ohne vorher einen Plan entworfen zu haben? Niemals! Kein Haus steht zuerst und dann macht man einen Plan. So ist es mit allem anderen auch. Auch in der Natur ist es so. Ein Baum wächst aus einem Samen, denn im Samen ist bereits ein Plan vom Baum angelegt. So auch bei allen Lebewesen wie auch dem Menschen; im Embryo ist der zukünftige Mensch angelegt. Woher kommt aber dieser Plan? Beim Hausbau ist es eindeutig: Ein sichtbarer Bauplan eines Architekten muss vorher als Idee im Geist, bzw. im Bewusstsein desjenigen vorhanden sein, bevor es auf Papier gebracht werden kann. Es ist logisch anzunehmen, dass dies für alle Bereiche des Lebens gilt. Nichts entsteht, ohne einer vorherigen geistigen Idee. In den folgenden Kapiteln werden wir diese Gedanken weiter verfolgen.

Wer sich mit dem geistig Jenseitigen nicht beschäftigt, der kann auch nicht sagen, welchen Sinn das materiell Diesseitige hat. Nur wer beide Seiten einer Medaille kennt, weiß, was das Geldstück wert ist. Und wer weiß, woher man kommt, hat eher eine Ahnung von dem Weg, der vor einem liegt. Wer den geistigen Hintergrund des Lebens kennt, der versteht sein Handeln. Ohne ihn ist jede Ethik nur Aktionismus, ein Handeln um des Handelns willen, ohne geistiges Fundament. Nur wer den spirituellen Hintergrund des Lebens kennt, kann sich in die richtige Richtung entwickeln. Nur wer das Heilige kennt, kann heilig werden und die Heiligkeit in allen Dingen des Lebens erkennen.

Kirchen müssen Heiligkeit widerspiegeln! Wenn man in einen Kirchraum geht, muss man schlagartig eine andere Welt betreten. Man muss ergriffen sein von einer höheren Macht. Wer Kirchen baut, muss davon Kenntnis haben. Wer eine Kirche geistig leitet, also ein Priester oder Pastor, muss Kenntnis von dieser Macht haben, muss wissen, welche Bereiche des Geistes es gibt. Jesus sagte: "Mein Reich ist nicht von dieser Welt" (Joh.18,36). Und Jesu Anhänger, also wir Christen, müssen davon erfahren.

Ich möchte noch etwas klarstellen: In manchen Kirchen hat man trotz des Zeitgeistes an der Heiligkeit festgehalten, hat man die Bibel ernst genommen als Wort Gottes, hat man geistlich gepredigt, hat man an Wunder geglaubt und auch welche erlebt. Und noch eins: Meine Erlebnisse beziehen sich auf die Evangelische Landeskirche. Ich habe den Eindruck, dass es in der katholischen Kirche nicht ganz so profan zugeht. Zwar gibt es zur Zeit dort auch viele Bischöfe und Kardinäle, die sich vermehrt parteipolitisch äußern und das Geistige vermissen lassen, doch im Ganzen gesehen, hat man sich den Sinn für die heiligen Symbole bewahren können. Dort gibt es keine Spielplätze auf den Altären und der "Leib Christi" (im Abendmahl) ist real und präsent. In den rebellischen sechziger Jahren und nach dem 2.Vatikanischen Konzil konnte man den Eindruck gewinnen, die Kirche wird nun auch ganz weltlich, doch bis heute ist das im Kern noch nicht gänzlich geschehen. Das ist sicher der Vorteil, dass es einen Papst gibt.

In den evangelischen Landeskirchen ist das Profane hingegen weiter fortgeschritten (Die Freikirchen bilden eine Ausnahme). Das merkt man besonders an öffentlichen Verlautbarungen in den Medien. Ihre Kommentare lassen sich von politischen nicht mehr unterscheiden. Man wagt sich nicht oder kann nichts mehr über geistige Dinge sagen. Von Spiritualität ist nichts mehr zu merken.

Es muss ein Ruck durch die Kirche gehen! Sie muss sich wieder ihrer Wurzeln bewusst werden, welche in Gottes unsichtbarem, überweltlichem Reich zu finden sind.

Wenn Jesus sagt: "Mein Reich ist nicht von dieser Welt" (Joh.18,36), dann müssen wir uns fragen: Welche Welt ist das, von der Jesus spricht? Und wenn Jesus sagt: "Wenn ich will, dann kann ich meinen Vater bitten, dass er mir mehr als zwölf Legionen Engel senden möge, die mir helfen" (Mt.26,53), wo sind diese

Engel? Wenn Jesus zum Himmel auffährt, wo ist dieser Himmel? Wenn er Kranke heilt und Tote erweckt, welche Kraft ist das? Wenn er sagt, er tue nur das, was er den Vater (Gott) tun sieht, wie sieht denn Gott aus? Und wenn die Toten auferstehen, wo kommen sie hin? Diese Fragen hatte man in dem Studium der Theologie wissentlich ausgeklammert. Denn weil man es vermeintlich nicht wissen kann, hat man von "Glauben" gesprochen, im dem Sinne, dass alles nur Spekulation sei.

Dabei gibt es viele Quellen, die man nur zu untersuchen braucht, um Gewissheit zu bekommen. Wir müssen uns einfach mal frei machen von den einsuggerierten Glaubenssätzen des Materialismus und mit offenen Augen sehen, was Menschen berichten, die Erlebnisse mit dem Göttlichen hatten. Machen wir uns auf den Weg, das Übernatürliche, das Geistige und das Heilige zu entdecken!

Dieses Buch will aufzeigen, dass es gute Gründe gibt für die Religion, für Spiritualität, für das, was wir Glauben nennen, und wegkommen von einem "Für-wahr-halten", hin zu der Gewissheit einer geistigen Welt, die die Grundlage jeder Religion ist.

Kapitel 1
Leben nach dem Tod
(Nahtoderfahrungen)

Warum ist es wichtig, die geistige Seite des Lebens zu kennen? Kann man nicht einfach sagen: Ich lebe im Hier und Jetzt, konzentriere mich auf das Sichtbare, das Konkrete, das Praktische, tue meinen Job, trinke abends vor dem TV mein Bier, treffe mich mit Freunden, verliebe mich, mach einmal im Jahr Urlaub und lebe zufrieden bis ans Lebensende? Warum soll ich mich mit Dingen beschäftigen, die irrational sind?

Merken Sie etwas? Die beschriebenen Alltagsdinge sind ganz nett und befriedigen eine ganze Weile. Glücklich zu nennen, der zufrieden damit eine lange Zeit ist. Irgendwann aber wird dieses oberflächliche Leben langweilig. Und man fragt sich: Soll das alles gewesen sein? Man fragt nach dem Sinn. Selbst wenn alles im Leben glatt gelaufen ist und alles super war, kommt man an einen Punkt, wo man feststellt, dass es im menschlichen Leben eine andere Bestimmung gibt. Das menschliche Leben ist anders als das der Tiere. Es genügt nicht, von einem Vergnügen zum anderen zu irren. Man spürt, dass der Mensch im Grunde eine andere Aufgabe hat, als einfach zu existieren. Zusätzlich läuft das Leben auch meist nicht immer genau nach Plan. Sobald ein Unglück geschieht, fällt dieses Kartenhaus in sich zusammen.

Man kann die Arbeit verlieren, zum Sozialfall werden, krank sein und die Freunde verlieren, der Partner kann uns verlassen, und so weiter. Jesus drückt das so aus: Man darf das Haus nicht auf Sand bauen (Mt.7,24-27).

Auf Sand hat jeder gebaut, der sein Lebensfundament an Dingen festmacht, die vergänglich sind. Im biblischen Sprachgebrauch werden diese vergänglichen Dinge "Welt" genannt. Weltlich gesinnt ist jeder, der seine Hoffnung auf Oberflächlichkeit setzt. Was gibt uns Kraft, in Notsituationen oder Hoffnungslosigkeit? Manches im Leben ist nicht mehr zu ändern und lässt jede Hoffnung schwinden. Was ist ein Leben wert, wenn man z.b. aus gesundheitlichen Gründen nicht mehr arbeiten, sich nicht mehr bewegen, nicht mehr Sex haben kann, nicht mehr essen, nicht sehen, hören, fühlen kann? Es gibt Menschen, die sind z.b. in ihrem querschnittsgelähmten Körper gefangen, oder liegen im Wachkoma. Sie haben nur ihre Gedanken, nichts mehr sonst. Soll man ihnen sagen, wenn man sie besuchen kommt: "Ich habe dir nichts mehr zu sagen und kann dich nicht trösten, weil ich dir keine Hoffnung mehr machen kann". Ein billiges "Wird schon wieder", bleibt da im Halse stecken.

Welches Fundament soll da noch tragen? Was macht ein Leben sinnvoll, wenn kein Leben mehr möglich ist? Nur noch Selbstmord? Was macht ein Leben wertvoll, wenn der Vollzug des Lebens nicht mehr möglich ist? Wenn es darüber hinaus sonst nichts gibt, ist das dann ein "unwertes Leben"?. Zum Glück aber gibt es das nicht! Nur von "unten" sieht es unwert aus, aber von "oben", von einer höheren Sichtweise, sieht es ganz anders aus. Glücklich darf sich schätzen, der diese Sichtweise kennt. Diese ist nämlich nicht irrational, wie viele denken. Sie ist "überaus rational", weil sie in eine höhere Intelligenz eingebettet ist.

Seit der sog. "Aufklärung", Anfang des 18. Jahrhunderts, hat man geglaubt, nur das Rationale sei gültig. Und wenn wir ehrlich sind, denken wir heute noch genauso. Auch in der Wissenschaft. In der psychologischen Wissenschaft kennt man zwar das Irrationale, das dumpf oder verrückt daherkommt, und man kennt das Unbewusste und das Kollektive Unterbewusstsein, hielt das aber für verborgene Regionen des Gehirns, hielt es für "Hirngespinste" ohne jeglichen Bezug zur Realität.

Es gibt aber neben diesen tiefen Ebenen auch noch die höheren Stufen: Es gibt das normale Bewusstsein (Rationalität), das Unterbewusstsein (Irrationalität) aber auch das Überbewusstsein (Spiritualität). Viele, auch Psychologen, verwechseln das Unterbewusste mit dem Überbewussten, weil sie sich nicht erklären können, dass es ein Wissen außerhalb des Gehirns gibt, außerhalb des fleischlichen Körpers. Aber genau das ist der entscheidende Punkt! Es gibt eine Realität außerhalb unseres sichtbaren Bereiches.

Früher war ich geneigt zu sagen: Das Überbewusstsein und somit das Übernatürliche ist nicht zu verstehen. Aber das glaube ich nicht mehr. Es ist verstehbar, weil es erlebbar ist. Und alles, was ich erleben kann, kann ich auch logisch nachvollziehen. Die Frage ist, wie bewerte ich das Erlebte? Schiebe ich es in die irrationale Ecke oder werte ich es als das, was es sein möchte: als Realität außerhalb unserer Rationalität.

Jeder Mensch weiß, dass das Erkennen ein selektiver Vorgang ist. Wir nehmen nur das wahr, worauf wir unsere Aufmerksamkeit richten, alles andere bleibt unbemerkt, quasi unsichtbar, quasi überbewusst. Richte ich meine Sichtweise auf etwas, dann wird es real für *mich*, obwohl es vorher schon real war. So ist es mit der "geistigen Welt".

Sie ist da, sie war immer da, wurde aber nie bemerkt, weil wir sie nicht beachtet hatten. Hat sie sich manchmal bemerkbar gemacht, haben wir weggeschaut oder gesagt: das gibt es nicht!

Hat sie sich noch mehr bemerkbar machen wollen, empfanden wir es als qualvoll, weil es unheimlich war, etwas zu erleben, was es nicht geben kann oder darf.

Wollte sie sich noch mehr zeigen, sprach man von Irresein (Irrationalität) und man wurde eingewiesen, weil man von etwas erzählte, was es nach Lehrmeinung nicht gibt.

So wurde auch mit spirituellen Erlebnissen verfahren, nach dem Motto "Wer Visionen hat, soll zum Arzt gehen", wie außer Helmut Schmidt viele auch meinten.

Lasst uns nun konkret werden! Wie bekommt man denn nun Zugang zu der übernatürlichen geistigen Welt? Die Antwort lautet: dorthin schauen, wo sie zu finden ist, und ohne Vorurteile hinschauen.

Wer nicht nur spekulieren möchte oder theoretisieren, der muss sich mit realen Erlebnissen beschäftigen.

Ein Erfahrungsbereich, der in letzter Zeit der Öffentlichkeit zugänglich geworden ist, ist der über Nahtoderlebnisse (NTE). Sie erzählen von Menschen, die klinisch tot waren und ins Leben zurückgeholt werden konnten. Im medizinischen Sinn ist der als tot zu bezeichnen, bei dem keine Herz- und Hirntätigkeit mehr vorliegt.

So war es auch bei meinem Großvater. Er war Bergmann in Schlesien und arbeitete tief unter der Erde, als er in einem Stollen verschüttet wurde. Man barg ihn und stellte fest, dass er schon tot war.

Trotzdem versuchte man eine Wiederbelebung, die zum Glück auch gelang. Meinem Großvater erging es wie vielen, die ähnliches erlebt hatten, er schwieg und erzählte niemandem etwas davon, aus Angst, nicht ernst genommen, oder gar für verrückt gehalten zu werden.

Ich besuchte als Kind ab und zu mal meine Großeltern, die nach dem Krieg ins Harzer Vorland gezogen waren. Mit meinem Opa ging ich dann oft spazieren oder wandern. Bei solchen Gelegenheiten erzählte er mir oft von früher. Eines Tages erwähnte er auch seinen Unfall im Bergwerk und dass man ihn tot geborgen hatte und wiederbelebt werden konnte. Und mit strahlenden Augen erzählte er, was er erlebt hatte, als er tot war.

Er sah eine goldene Stadt. Sie war wunderschön und leuchtete in herrlichem Glanz. Er nannte sie "Himmlisches Jerusalem", so wie er sie in der Bibel, in der "Offenbarung des Johannes" beschrieben fand. Er wollte die Stadt betreten, aber es wurde ihm nicht gestattet und er wurde ins irdische Leben zurückgeholt.

Das erzählte er mir und weinte dabei. Es waren Freudentränen, denn so etwas Ergreifendes hatte er noch nie vorher erlebt. Diese Tränen machten mir auch klar, dass es keine ausgedachte Geschichte sein konnte. Er hatte es wirklich erlebt, wirklicher vielleicht sogar als alles andere, was es sonst geben konnte.

Da ich schon als Kind sehr gläubig war, zweifelte ich nicht an der Wahrheit seiner Erzählung.

Vor einigen Jahrzehnten sorgte Raymond A. Moody und Elisabeth Kübler-Ross für Aufmerksamkeit, als sie Berichte über solche Fälle veröffentlichten. Ihre Bücher über Nahtoderfahrungen wurden zu Bestsellern. Heute ist der Büchermarkt überhäuft mit diesen Themen.

Wer ernsthaft will, kann sich also damit zur Genüge beschäftigen. Zwar gibt es immer noch Zweifler, die das Ganze als Fantasterei abtun und es als Halluzination des Gehirns ansehen, das nicht mehr mit Sauerstoff versorgt wird. Aber die Mehrzahl derer, die sich damit beschäftigen, sehen ein, dass es mehr geben muss als das Gehirn leisten kann. Zu ihnen gehört auch der amerikanische Arzt Eben Alexander, der zunächst zweifelnd war in seiner Tätigkeit als Herzchirurg, bis er selbst ein Nahtoderlebnis hatte und seitdem mehrere Bücher zu diesem Thema veröffentlichte.

Gäbe es nur subjektive Erlebnisse des Todes, wäre Zweifel erlaubt und man könnte es als Visionen oder als Trugbilder und Träume abtun. Aber diese Erlebnisse sind objektiv überprüfbar, weil sie von Dingen berichten, die sie nicht wissen konnten, als sie "tot" waren.

So erlebt bei fast allen NTE jeder zunächst, dass er seinen Körper unter sich tot liegen sieht, am Unfallort oder auf dem OP-Tisch, im Bett oder wo auch immer. Er schwebt als "Ich" oder "Seele", "Bewusstsein" oder "Geist" über seinem Körper und kann ihn beobachten. Auch sieht er die Menschen, die seinen Körper versorgen oder die in der Nähe sind. Er beobachtet genau, was sie tun und kann es nach seiner Wiederbelebung genau beschreiben, z.B., welche Kleidung jeder trug oder wie auch immer die Personen um ihn aussahen.

Was noch erstaunlicher ist, ist die Tatsache, dass er als Seele oder Geist nicht an den Raum gebunden ist, in dem sein Körper liegt, sondern auch sieht, was in den Räumen nebenan geschieht oder noch weiter weg. Er kann sogar bei seinen Angehörigen zu Hause sein, wie manche Berichte bezeugen. Auch hört er genau, was gesprochen wird und kann alles ganz genau später wiedergeben. Ja, sogar Blindgeborene können in diesem Zustand des Seelenaustrittes sehen! Das ist ebenso ein erstaunliches Phänomen, denn ein Gehirn, das von Geburt an keine Seheindrücke hatte, kann nicht wissen, was Farben sind und Formen.

Viele Forscher, die ohne Scheuklappen diese Dinge untersucht haben, bestätigen dies. Wäre alles nur eine Tätigkeit des Gehirns, könnte es diese präzisen Berichte über nichtlokale Erfahrungen nicht geben. Ganz zu schweigen von der Tatsache, dass in diesen Fällen eine Hirnaktivität nicht gegeben ist. Bei jedem Traum, Vision oder ähnlichen Denkvorgängen wird Hirnaktivität gemessen. Bei NTE aber gibt es keine messbaren Funktionen, nur eine sogenannte "Flatline" auf dem Überwachungsbildschirm. Das kann nur bedeuten, dass alles ein außerkörperliches Ereignis ist.

Nachdem der Verstorbene sich selbst und die anderen sieht und erlebt, was sich um ihn herum abspielt, geschieht noch mehr Erstaunliches:

Er schwebt höher empor. Dann hat er das Gefühl, durch eine Art Tunnel gezogen zu werden. Am Ende gelangt er in ein Licht. Dort begegnen ihm Menschen, oft verstorbene Angehörige, z.B. Eltern, die ihn begrüßen und abholen. Manchmal geschieht es, dass Menschen gesehen werden, von denen er erstaunt ist, sie zu sehen. Denn er wusste nichts vom Ableben dieser Personen. Später, nach seiner Wiederbelebung hatte man ihm mitgeteilt, dass sie erst vor kurzem aus dem Leben geschieden sind und es noch nicht bekannt war.

Neben den Bekannten und Verwandten erscheinen noch andere Personen, Geister oder Lichtwesen, die im religiösen Sprachgebrauch auch Engel genannt werden. Sie führen den Verstorbenen, der ja jetzt auch eine Seele oder Geist ist, in einen lichtvollen Ort. Manche dürfen hineinschauen, bevor ihnen von einem Engel mitgeteilt wird, dass sie nun wieder zurück ins materielle Leben müssen.

Weil es so herrlich und friedvoll ist, will keiner von dort zurück. Aber ihnen wird gesagt, dass sie noch eine Aufgabe im Leben haben.

Wenn sie erwachen und sich in ihrem früheren Körper befinden, spüren sie die volle Last des irdischen Lebens, z.B. die Schmerzen ihres verletzten Körpers. Bei manchen dauert es viele Jahre der Genesung, aber trotz der Leiden sind sie innerlich verwandelt und sehen einen Sinn in ihrem Leben. Ihr Blick darauf ist ein anderer. Ihr Erlebnis in der höheren Welt hat sie verändert und gibt ihnen Kraft.

Viele erkennen nun, was sie bisher falsch gemacht oder ob sie jemanden verletzt haben. Sie erkennen das als Chance, es wieder gutzumachen oder von nun an anders zu leben. In ihrem Sterbevorgang erlebten sie nämlich noch etwas, das fast alle dabei erfahren, nämlich eine Lebensrückschau, die wie ein Film vor ihnen ablief. Oft sind es nur objektiv Sekunden, aber subjektiv sehen sie ihr gesamtes Leben vor sich und erkennen ihre Fehler, aber auch das Gute, das sie getan haben.

In dem Buch "Leben nach dem Tod" von Dr. med. R. A. Moody beschreibt eine Klientin, wie sie es erlebt hat: "Die vergangenen Ereignisse, die ich jetzt noch einmal vor mir sah, rollten in der selben Reihenfolge wie im Leben ab, und sie waren vollkommen lebensecht. Die Bilder wirkten so, als ob man sie draußen in Wirklichkeit vor sich sähe; sie waren ungemein plastisch und in Farbe - und sie waren bewegt....Es war nicht so, daß ich alles aus meiner damaligen Perspektive beobachtet hätte, beileibe nicht. Das kleine Mädchen, das ich sah, schien jemand anderes zu sein, eine Gestalt aus einem Film, irgend eine Kleine unter all den anderen Kindern, die sich da auf dem Spielplatz tummelten. Und doch war ich es selbst. Ich sah mich selbst als Kind in all den Situationen, in genau denselben Situationen, die ich erlebt hatte und an die ich mich erinnern kann....Angst überkam mich nur an einer einzigen Stelle, nämlich als es schien, als ob ich mein Leben hier nicht zu Ende führen könnte. Ich wurde in die Vergangenheit zurückversetzt und überschaute sie in einer Weise, wie man es eben normalerweise nicht kann". Ein anderer erzählte: "Es war wirklich alles darin enthalten, ich meine, alle Ereignisse meines Lebens kamen zugleich darin vor. Es war nicht so, daß immer nur eine Sache für sich so ein bißchen aufgeflackert wäre, nein - ich sah mein ganzes Leben auf einmal, alle Erlebnisse gleichzeitig. Meine Gedanken verweilten bei meiner Mutter, bei all den Gelegenheiten, wo ich Unrechtes getan hatte. Nachdem ich die Bosheiten, die ich als Kind begangen hatte, noch einmal vor mir gesehen hatte und mir dann meine Eltern ins Gedächtnis gerufen hatte, da wünschte ich bloß, ich hätte das alles damals nicht getan, und nichts wäre mir lieber gewesen als hingehen und alles ungeschehen machen zu können". (S.64-67).

Viele führen, nach all dem, was sie in ihrem Leben nach dem physischen Tod erlebt haben, ein religiöses Leben, denn sie müssen nun nicht mehr glauben, sondern wissen, dass es eine jenseitige Welt gibt, dass es ein Weiterleben nach dem Tod gibt, dass es Engel gibt und Gott, den sie als Licht und Liebe erfahren haben. Sie verspüren nun selbst diese Liebe zu Gott und erkennen, dass man diese Liebe weitergeben kann an andere Menschen. Auch verstehen sie die Worte Jesu und überhaupt die Bibel und die Lehre der Kirche viel klarer als früher.

Noch eines hat sich bei einem, der wiedergekommen ist, verändert. Er ist durch die Begegnung mit höheren Wesen sensitiver geworden und durchschaut seine Mitmenschen genauer als vorher. Manche sind nun wie die geistigen Wesen, denen sie begegnet sind, regelrecht hellsichtig und erblicken im Menschen, was sie denken und fühlen, was sie bewegt, was ihnen Angst macht, was sie als Trauma erlebt haben. Kurz, sie sehen die Seele eines Menschen, wenn sie ihn anschauen und lassen sich durch die materielle, fleischliche Hülle nicht mehr irreführen. Auch das ist ein klares Indiz dafür, dass sie einer höheren Wirklichkeit begegnet sind, nämlich der Welt Gottes, der Engel und den Seelen der Menschen.

Als diese Erfahrungen in der Öffentlichkeit durch Bucherscheinungen bekannt wurden, konnte man den Eindruck gewinnen, jede Nahtoderfahrung sei ein positives Erlebnis. Elisabeth Kübler Ross konnte noch in ihren Veröffentlichungen davon berichten, von keiner negativen NTE zu wissen. Das beflügelte die esoterische Szene sehr, die dazu tendiert, das ganze Leben sei so, wie es ist, positiv und es gebe keine Hölle oder so was ähnliches. Es ist nicht auszumachen, ob die Negativerfahrung von ihr bewusst ausgeklammert wurde, oder ob erst in letzter Zeit manches im

Nahtoderlebnis negativ erfahren wird. Es kann durchaus auch sein, dass Menschen mit einer Negativerfahrung noch weniger geneigt sind, darüber zu berichten.

Nachdem jetzt auch diese bekanntgemacht wurden, bestätigt sich die Wahrheit der kirchlichen Lehre, dass es im jenseitigen Bereich auch eine Hölle gibt. Für manche klinisch Toten war dieses anscheinend wichtig zu erfahren, auch unter der Vorgabe, im fleischlichen Leben, die Fehler ("Sünden") wieder gut zu machen und von nun an anders zu leben als vorher. Es ist denkbar, dass ihre Erfahrungen das waren, was die katholische Kirche "Fegefeuer" nennt. Es ist eine Art Vorhölle, ein Ort der Läuterung, mit dem Ziel, für den Himmel Gottes gereinigt zu werden, um ihn betreten zu können, denn nichts Unreines kann in Gottes Nähe kommen.

Abschließend ist noch zu erwähnen, dass nicht jeder Verstorbene ein Jenseitserlebnis gehabt hat. Viele erleben gar nichts oder erinnern sich nicht daran. Vielleicht ist es nicht für jeden Menschen bestimmt, dies zu erfahren. Vielleicht erlebt auch nicht jeder eine spontane „Auferstehung" nach seinem Ableben. Das wäre deckungsgleich mit den verschiedenen Aussagen der Bibel darüber. In manchen Berichten wird davon erzählt, dass der Mensch erst am "Jüngsten Tag", also am Ende der Zeit, auferstehen wird und in manchen wird erzählt, dass man *sofort* zu Gott kommt und im göttlichen Reich lebt, wie es auch bei den Heiligen der Fall ist. Denn nur so lässt sich die Heiligenverehrung der katholischen Kirche erklären.

2. Kapitel
Jenseitserlebnisse zu Lebzeiten

Die höhere Wirklichkeit ist ein übernatürliches Ereignis. Das bedeutet, dass es nicht alltäglich ist und dass es sich um eine eigene Sphäre der Wirklichkeit handelt, sozusagen um eine höhere Dimension der Natur.

Paulus schreibt in seinem 1.Brief an die Korinther, Kp.15,38ff, im Neuen Testament der Bibel, sinngemäß, dass es für jedes Lebewesen eine andere Natur gibt. Es gibt eine Natur der Pflanzen, eine der Tiere und eine andere für die Menschen. Darüber hinaus gibt es noch eine weitere Natur der Engel. Alle eint die eine, von Gott geschaffene Natur, aber für alle Lebewesen gibt es andere Bereiche, quasi Erweiterungen. Das Übernatürliche ist aus diesem Grund also nichts, was außerhalb der Natur ist, sondern, was an höherer Stelle steht. Es ist eine höhere Natur, d.h. sie steht über den anderen Stufen und ist feinstofflicher als die anderen.

Die meisten Menschen haben keinen Sinn dafür. Deshalb halten sie das für Spinnerei oder Lüge. Wenige nur haben eine Ahnung vom Übernatürlichen und spüren lediglich, dass es sowas gibt; sie fühlen es, aber können es sich nicht erklären.

Noch weniger Menschen haben die Gabe, übersinnlich zu sein. Es wird sogar berichtet, dass Tiere zuweilen diese Begabung haben. Sie sehen oder spüren Personen oder Situationen, die für uns unsichtbar sind oder sie fühlen Naturkatastrophen im Voraus.

Im Alten Testament der Bibel erlebt der Prophet Bileam ähnliches mit seinem Esel, der mitten auf dem Weg stehen bleibt, weil ein Engel ihnen den Weg versperrt und sie hindert weiter zu gehen. Bileam sieht ihn zuerst nicht, aber der Esel (4.Mos. 22,25f).

Aufgrund der Nahtoderfahrungen kann man davon ausgehen, dass im Prinzip jeder Mensch nach dem Tod des Körpers eine andere Welt betritt, nämlich die geistige Welt. Das "Ich" löst sich dann vom grobstofflichen Körper und erfährt sich als geistiger Leib. Dieses "Ich" wird unterschiedlich in der spirituellen Literatur der Menschheit bezeichnet, als Seele, als Geist, Essenz, Wesenskern, als wahres Ich, usw. Oft wird auch zwischen Seele und Geist zusätzlich unterschieden. Das scheint mir nicht so wichtig zu sein. Wichtig zu wissen ist lediglich, dass das Bewusstsein des Menschen weiterlebt.

Wenn der Körper nicht mehr gebraucht wird, verlagert sich das Ich in einen anderen Schwingungsbereich. Der feste Bereich wird verlassen, und ein feinstofflicher tut sich auf. In diesem werden andere Wesen wahrgenommen, die sich ebenfalls dort befinden.

Es wird oft gefragt, wo denn diese Welt sein soll. Die Biologen und Physiker haben bislang keine Parallelwelt gefunden. (Dass das heute nicht mehr ganz so stimmt, wird in späteren Kapiteln behandelt). Wie bereits oben gesagt, sehen und verstehen wir nur selektiv. Man kann auch nur sehen, was man kennt.

Jeder, der mal eine Augenuntersuchung gemacht hat, kennt die Bilder mit farbigen Punkten, in denen man Zahlen oder Buchstaben erkennen muss, um zu testen, ob man farbenblind ist. Wer zwar Farben erkennen kann, aber keine Zahlen oder Buchstaben kennt, weil er vielleicht aus einem anderen Kulturkreis stammt mit anderen Schriftzeichen, kann auch nichts erkennen, außer farbigen Flecken. Nur das Gehirn spiegelt etwas vor, was man vorher schon kannte. In einem Bildschirm eines Fernsehapparates sieht man im Grunde auch nur Pixel, trotzdem erkennt man Bilder oder Filme. Eigentlich sieht man nur Punkte, stattdessen erzeugt das Gehirn Bilder. Ein niederentwickeltes Wesen könnte diese nicht wahrnehmen, deshalb können nur intelligente Tiere etwas im TV erkennen.

Apropos TV oder Radio! Diese Medien können nur senden, wenn "Radiowellen" an die Apparate gesendet werden. Könnte man alle Wellen im Zimmer wahrnehmen, entstünde ein Chaos vor unseren Augen. Zum Glück sehen wir sie nicht! Durch unsere Zimmer flimmern alle möglichen Fernsehsender mit ihren Filmen und anderen Sendungen. Unbeschreiblich viele! Stellt man eine Frequenz am TV ein, kann man ein Programm empfangen; stellt man eine andere ein, kann man andere sehen.

Und genauso ist es mit unserer Aufmerksamkeit: Worauf wir sie richten, entscheidet, was sie wahrnimmt. Das wurde auch in einem Experiment verdeutlicht, das man im Fernsehen vor ein paar Jahren sehen konnte. Einer Zuschauergruppe wurde die Aufgabe erteilt, einigen Personen beim Basketballspielen zuzuschauen und die Ballwechsel zu zählen. Wer dem Ergebnis am Nahesten kommt, sollte gewinnen. Nach ca. 3 Minuten wurde das Spiel beendet. Alle hatten fleißig gezählt, aber man wollte von den Kandidaten etwas anderes wissen, nämlich, ob sie einen Affen im Spiel gesehen hatten. Alle waren sehr verdutzt und glaubten, man mache einen Scherz mit ihnen, denn einen Affen hatten sie in der Tat nicht gesehen. Als man ihnen die Aufnahmen, die man vom Geschehen gemacht hatte, zeigte, waren alle sehr erstaunt. Denn zwischen den Basketballspielern ging ein Mensch im Affenkostüm hindurch. Aber gesehen hatte ihn niemand, weil alle damit beschäftigt waren, die Ballkontakte zu zählen, also ihre Aufmerksamkeit eingeschränkt war.

Bisher haben die meisten Menschen ihre Aufmerksamkeit auf materielle Dinge gerichtet und konnten deshalb geistige Dinge nicht wahrnehmen.

Es ist anzunehmen, dass wir im Sterbevorgang das können, weil die Schranken des Materiellen und Geistigen verwischen und aufgehoben werden und weil uns das Schicksal zwingt, sich nun auf andere Dinge zu konzentrieren, nämlich auf geistige, weil die ab jetzt wichtig sind. Die vielen NTE haben das bestätigen können.

Es gibt aber auch Situationen, wo schon zu Lebzeiten die Wand des Materiellen durchscheinend wird. Gar mancher hat schon mal etwas erleben können (oder müssen), das er sich nicht erklären konnte. Zum Beispiel nicht erklärbare Zufälle (C.G. Jung spricht von "Synchronizität") oder plötzliche Hellsichtigkeit, Begegnung mit einem Verstorbenen oder geistigen Wesen, Wahrträume, etc.

Darüber hinaus gibt es auch Menschen, die eine "Begabung" haben, sowas oft oder ständig zu erleben. Das wird nicht immer als beglückend empfunden. Denn erstens wurden solche Personen oft von der Gesellschaft aus Angst oder weil man sie für verrückt gehalten hatte, gemieden. Und zweitens, weil die jenseitigen Welten nicht immer göttlichen Ursprungs sind. In dieser gibt es nämlich, wie in der uns bekannten, eine Dualität. Das heißt: es gibt gut und böse, gute Geister und böse Geister, gute Engel und böse Engel.

Menschen, die mit negativen Energien in Kontakt kamen, landeten nicht selten in Nervenheilanstalten. Sie waren doppelt bestraft, nämlich durch die innerseelische Qual und das Unverständnis, das ihnen entgegengebracht wurde, indem man sie als verrückt erklärte, meist von Ärzten, die immer noch vom materiellen Denken beeinflusst sind. Zwar gibt es auch somatische Störungen, die zu seelischen Schmerzen führen, aber es gibt eben auch geistig bedingte Störungen, die wegen eines einseitig geprägten Weltbildes der Ärzte nicht behandelt werden können. Ohne die wahre Ursache zu kennen, kann man nicht heilen. Denn wenn die Ursachen geistiger Art sind und die Behandlung davon ausgeht, dass es nur Materie gibt und keinen Geist, dann gibt es keine Heilung, sondern nur symptomatische Behandlungen.

Die Menschen zu früheren Zeiten haben die geistigen Dinge leichter wahrnehmen können als wir heute. Die gesamte Literatur aller Zeiten zeugt davon. Warum heute nicht mehr? Was war geschehen?

Ein einschneidendes Erlebnis war sicher die sogenannte "Aufklärung", auf die wir heute allgemein sehr stolz sind. Denn sie hat uns ja befreit von falschen Autoritäten und falschen Denkweisen, hat uns zu uns selbst geführt und zu mündigen Bürgern gemacht. Aber man hat auch etwas eliminiert, was man hätte beibehalten müssen, nämlich die Spiritualität.

Warum gab es überhaupt die Aufklärung? Es muss ein quälender Druck vorhanden gewesen sein, sonst hätte es keine Rebellion gegeben. Der Druck geschah einerseits von Seiten der Regierung, die die arme

Bevölkerung ausbeutete und andererseits von der Kirche, die das Gleiche tat, aber auf geistiger Ebene, indem sie die Menschen bevormundete. Somit wurde die weltliche Führung nicht mehr als von Gott eingesetzt angesehen und auch die Verkündigung der Kirche trug dazu bei, die Gewissen der Gläubigen zu beschweren, wie z.b. die allzu einseitige Drohung mit Höllenstrafen.

Waren die Kirchen doch der Garant dafür, dass es eine höhere Macht gibt, so wurde nun mit diesem Zweifel an der kirchlichen Institution auch die Lehre von der geistigen Welt angezweifelt. Die Intellektuellen bis hin sogar zu den Theologen, nährten diese Skepsis. Bis in die heutige Theologie hinein, wirken diese nach. In meinem Studium waren Theologen und Philosophen wie Feuerbach (Gott ist nur eine Wunschprojektion), Sölle (Gott ist tot), Moltmann (Gott gibt es nur in der Zukunft), Marx und Engels (Religion ist Opium fürs Volk), Freud (Gott ist eine Wunschprojektion), Sartre (der Mensch ist sein eigener Schöpfer, es gibt keinen Schöpfergott), etc. durchaus an der Tagesordnung, [aus: Abriß der Dogmatik, S.122,123].

Als sich die Naturwissenschaft selbständig machte und nur noch die Materie betrachtete und davon ausging, dass der Geist ein Resultat der Materie sei, tat auch sie ihr Übriges dazu, den Zweifel an der Existenz eines eigenständigen Geistes zu nähren. Als dann noch später die technischen Errungenschaften dazu kamen, galt als erwiesen, dass die materiellen Denkschulen recht haben müssen.

Es gab aber bis heute immer wieder Menschen, die sich dem Mainstream, dem Zeitgeist, widersetzten. Selbst als unter dem Diktat von materialistischen

Herrschaftssystemen, wie in der Sowjetunion, die Religion abgeschafft werden sollte und gläubige Menschen verfolgt wurden, gab es welche, die bis zur Folter zu ihrem Glauben standen. Es ist nicht gelungen die Religion auszurotten, nicht mit Gewalt und nicht mit Ideologie. "Religion ist Opium fürs Volk", "Gott ist tot", waren Parolen, die nur kurzfristig wirkten. Die Religion ist in Russland wieder da und das alte materialistische und sozialistische System gestorben (dass nun andere Unsitten aufblühen, steht auf einem anderen Blatt). Es muss eine Kraft geben, die selbst Folter und Verfolgung übersteht. Es muss etwas geben, das stärker ist.

Viele Menschen spüren das. Oft ist es mehr ein Gefühl als ein Wissen. Aber selbst das muss so stark sein, dass es trotz der intellektuellen Ungewissheit sieghaft bleibt. Viele gehen zur Kirche mit diesem Gefühl und es fällt ihnen schwer, vernünftige Argumente für ihr Tun zu äußern. "Irgendwas wird schon dran sein am Glauben", wird dann gesagt, aber das Argumentieren fällt ihnen schwer.

Es gibt darüber hinaus aber auch sehr religiös gestimmte Menschen, die nicht nur glauben, sondern Gewissheit haben, dass es eine höhere göttliche Welt gibt. Sie versuchen, ihr Gefühl zu beschreiben. Aus der Situation der Beschreibung dieses Gefühls, ist die Theologie entstanden, als logische Rechtfertigung.

Aber es geht noch weiter: In ihren Reihen finden sich auch manchmal jene, die nicht nur ein starkes Gefühl für Gott haben, sondern Ihn und seine Welt auch tatsächlich sehen. Sie haben Visionen, oder erleben Wunder und Heilungen von unheilbaren Krankheiten.

Wieder andere hören die Stimme Gottes oder eines Engels.

In der katholischen Kirche nennt man solche Menschen, sofern sie dem christlichen Glauben angehören und von einer Prüfungskommission für beispielhaft befunden wurden, "Heilige". Einer von ihnen, er ist der erste Heiliggesprochene des 21.Jahrhunderts, ist Pater Pio. In evangelischen Kreisen ist er kaum bekannt, dafür aber in katholischen um so mehr. Er ist einer der beliebtesten Heiligen und wird besonders in Italien, wo er gelebt hat, sehr verehrt. Sein fast unverwester Leichnam wird in der Klosterkirche S. Maria delle Gracie in San Giovanni Rotondo aufbewahrt. Das ist in Italien nichts Außergewöhnliches. Viele Heilige sind in Glassärgen in öffentlichen Kirchen ausgestellt.

Was viele nicht wissen: In jeder katholischen Kirche, auch in Deutschland, sind Reliquien von Heiligen oder ihre Gegenstände, die sie zu Lebzeiten benutzt hatten, in den Altartisch eingeschlossen. Dadurch soll die Präsenz eines bestimmten Heiligen, dessen Namen die Kirche meist trägt, erfahrbar werden. Tatsächlich sind medial begabte Gläubige überzeugt davon, diese Gegenwart wahrnehmen zu können.

Bei Pater Pio (geb. 1887, gest. 1968) ist das ganz besonders der Fall. Es werden ihm viele Wunder zugesagt, die auch nach seinem Tod bis heute geschehen sollen.

Schon zu Lebzeiten hatte dieser Mann viele Geistesgaben. Ihm wurden Heilungen zugesprochen, er konnte die Gedanken der Menschen lesen und zuweilen in die Zukunft schauen.

Wer zu ihm in die Beichte kam, war nicht selten erstaunt, dass der Pater schon vorher wusste, worum es ging und er erkannte auch Sünden der Beichtenden, die ihm verschwiegen wurden.

Pio hatte auch die Gabe der "Bilokation". Das bedeutet, dass er - obwohl er bezeugtermaßen im Kloster weilte - an anderen Orten gesehen wurde, weil er Menschen besucht hatte, um ihnen wichtige Dinge mitzuteilen. Manchmal wurde er dabei auch bei wichtigen Veranstaltungen gesehen oder nahm eine Beichte ab, obwohl er sich woanders befand.

Manche Augenzeugen sahen, wenn sie ihn besuchten, auch schweben. Seine Füße berührten nicht den Boden sondern befanden sich ca. zehn Zentimeter über ihm.

Das Wichtigste war aber für Pater Pio die heilige Eucharistie. Das ist das, was evangelische Christen "Abendmahl" nennen. Es geht ja, wie man weiß, auf Jesu letztes Mahl zurück, das er mit seinen Jüngern vor seinem Kreuzestod einnahm. Ist für die evangelischen Christen die Predigt das Wichtigste im Gottesdienst und alles andere, also die Liturgie und Abendmahlsfeier nur Beiwerk, so ist für den Katholiken die Eucharistie die Mitte und das Zentrum der Messe (Gottesdienst mit Eucharistie). Der Grund dafür liegt darin, dass es eben nicht nur ein Erinnerungsmahl ist, sondern dass Jesus in Brot und Wein "realpräsent" ist. Denn Jesus hatte ja gesagt: "Dieses Brot ist mein Leib und dieser Wein mein Blut. Wer von meinem Leib isst und von meinem Blut trinkt, der hat das ewige Leben" (verkürzte Form).

Zwar glauben die Lutheraner, wie schon Martin Luther gesagt hatte, dass Jesus im Abendmahl wirklich anwesend ist, so ist es für Katholiken aber noch mehr. Für sie geschieht eine "Wandlung". Aus Brot wird sein

Leib und aus Wein wird Blut Christi. Diese Gaben werden also verwandelt; in der Theologie spricht man von "Transsubstantion". Pater Pio verehrte Christus in diesen Elementen über alles. Er spürte faktisch dessen Anwesenheit und er hatte die Gabe, auch anderen Menschen die Gegenwart Christi zu vermitteln. Der Pater wurde quasi ein Medium Gottes und strahlte seine Heiligkeit aus wie kaum ein anderer Priester. Deshalb waren seine Messen auch übervoll (sehr zum Leidwesen der Kirche, die solche Berühmtheit gar nicht gerne sah) und jeder wollte teilhaben an der Energie dieser Heiligkeit.

Zwar hatte, wie gesagt, der Pater viele geistige Gaben aber er war trotz alledem nicht zu beneiden. Denn er hatte viel körperliches Leid zu ertragen. In seinem 31. Lebensjahr erschien ihm, in tiefer Gebetsversunkenheit, Jesus Christus und er erhielt von ihm die "Stigmata". Die fünf Wunden, die Jesus am Kreuz erlitt, hatte nun auch Pater Pio. Besonders deutlich und blutend zeigten sie sich an seinen Händen, die er mit Handschuhen zu verbergen versuchte. Es waren ständige Wunden, die er bis kurz vor seinem Tod beibehielt. An besonderen Feiertagen, wie Karfreitag, also am Kreuzigungstag Jesu, waren die Schmerzen fast unerträglich.

Wir kennen auch andere, die diese Wunden trugen. Der erste war Franz von Assisi (1181 - 1226), und die Bekannteste im letzten Jahrhundert war Therese von Konnersreuth. Seitdem gibt es bis heute insgesamt 328 Stigmatisierte, fast alle, bis auf ein bis zwei Fälle, aus der katholischen Kirche.

Neben diesen äußeren Phänomenen erlebte der Pater auch innerliche. Er nahm die geistige Welt visuell und physisch wahr. Oft auch die negative. So wurde er von geistigen Mächten, die ihn von Gott abhalten wollten, seelisch und körperlich gequält. An seinem Körper waren manchmal Misshandlungen zu sehen, die diese an ihm verübten. Aber die Gegenwart der Welt Gottes, die er ebenso vernahm, entschädigte ihn für alles. Sie gab ihm die Kraft, alle Demütigungen zu ertragen.

Es lässt sich nur mutmaßen, warum dieser Mann nicht nur Gottes Welt erleben durfte, sondern auch die Qualen erleiden musste. Er selbst hat, wie auch andere Stigmatisierte, sein Martyrium als Teilhabe an Christi Leiden angesehen. Er fühlte sich mit Christus verbunden und war begnadet sein Leiden zu teilen. Er konnte somit den Menschen das Opfer Jesu unmittelbar vermitteln, wurde es doch im wahrsten Sinn des Wortes real und gegenwärtig. In seinen Wunden geschah für alle Anwesenden die Gegenwart des Herrn, das Opfer, das er für sie geleistet hat.

Überhaupt lässt sich das alles nur vom Opfergedanken her verstehen. Wer weiß denn heute noch etwas vom Opfer? Es wird nur verständlich, wenn man weiß, was "Sünde" ist. Ihre Bedeutung ist verloren gegangen. Niemand mag mehr davon sprechen. Wenn überhaupt, spricht man von "Fehlern", was nicht ganz falsch ist, aber bei ihnen muss man nur vor sich selbst Rechenschaft ablegen. Das Wort "Sünde" aber beinhaltet noch etwas anderes, nämlich die Verantwortung vor Gott.

Damals, zur Zeit Jesu, wurden Sünden im Tempel durch Tier-Opferungen getilgt. Tiere wurden stellvertretend geopfert, ihr Blut vergossen, für die Missetaten der Menschen. Im Blut sollten die Sünder reingewaschen werden. Jesus hat diesen Gedanken übernommen und sich selbst als "Opferlamm" verstanden. Er, der Sohn Gottes, hat gelitten und sein Leben gegeben, um die Sünden zu tilgen. Und dieses Opfer sollte auch das letzte sein.

Man hat versucht, die Stigmata von Pater Pio und all den anderen auf natürliche Weise zu erklären. So hat man ihnen unterstellt, besonders hysterisch zu sein oder vermutet, dass sie ihre Wunden selbst beigefügt haben. Manche Stigmatisierte, wie die oben genannte Therese Neumann von Konnersreuth, hatten die Gabe der Nahrungslosigkeit. Sie haben außer der täglichen Kommunion einer geweihten Hostie und einem Schluck Wasser, um diese herunterzuschlucken, jahrelang nichts zu sich genommen. Auch bei ihr gab es Skeptiker, die wissenschaftliche Untersuchungen und wochenlange Beobachtungen an ihr anstellten, ohne einen Betrug zu entdecken. Einer der Ärzte, die sie untersuchte, war anfänglich sehr ungläubig, gehörte aber später zu ihrem Verteidiger, weil er erkennen musste, dass es kein Betrug war.

All die Wunder, die an den Stigmatisierten geschahen, weisen darauf hin, dass die Wunden Christi, die sie trugen, keine psychopathische Sache war, sondern ein Zeichen Gottes. Sie bezeugen, dass sie von Jesus Christus direkt die Stigmata erhalten haben. Therese geriet regelmäßig in "Verzückung" (heute würde man Trance sagen), wo sie das Leben und Sterben Jesu erlebte, so als ob sie selbst anwesend sei. Dann sprach sie sogar aramäisch, die Sprache Jesu Christ, natürlich ohne diese Sprache je gelernt zu haben, als Bäuerin, die sie war. Ein Professor der alten Sprachen konnte die Worte als Äußerung Jesu am Kreuz verstehen.

Therese von Konnersreuth ist nicht die einzige, die die Szenen der Kreuzigung Jesu miterleben "durfte", Schon vor ihr hat das die Selige Anna Katharina Emmerick (1774-1824) erlebt. Ihre Schilderungen waren so präzise, dass man sie für den Film von Mel Gibson "Die Passion Christ" verwendete. Darüber hinaus sah sie in Visionen das gesamte Leben Jesu, das durch den deutschen Dichter Brentano an ihrem Bett aufgeschrieben und später in mehreren Bänden veröffentlicht wurde. Auch erhielt sie Offenbarungen über die Entstehung der Welt und das Leben der Jungfrau Maria.

Ein anderer, der schon zu Lebzeiten die geistige Welt geschaut hat, war Emanuel Swedenborg (1688-1772). Er war Mitglied im schwedischen Parlament, Universalgelehrter, Theologe und Wissenschaftler. Für seine zahlreichen Erfindungen wurde er sehr geehrt. Später wandte er sich geistigen Themen zu. Im fortgeschrittenen Alter (1743-1745) erlebte er regelmäßig eine Entrückung in die Welt des Jenseits und hatte dort Kontakt mit den geistigen Wesen. Diese unterrichteten ihn über alles, was dort geschieht. So zum Beispiel zeigten sie ihm Kinder, die vorzeitig sterben mussten, dass sie von höheren Wesen betreut und unterrichtet werden. Man teilte ihm mit, dass jeder in dieser Welt sich weiterentwickeln muss, um aufzusteigen. Jeder bekommt im Himmel eine Aufgabe zugewiesen, bei der er geistig wachsen kann. Manche bekamen den Auftrag, den Lebenden zu helfen, Verstorbene abzuholen und ins Licht zu führen, wieder andere waren Lehrer. Es gibt unzählige Entwicklungsstufen für jedes Wesen der lichtvollen, gottesnahen Gegend. Das bekannteste Buch von ihm heißt "Himmel und Hölle". In ihm hat er alles Wesentliche seiner überirdischen Erfahrungen aufgeschrieben. Als Katholik wäre er vielleicht ein Kandidat der Seligsprechung gewesen, im protestantischen Schweden sah man das aber anders. Ein guter Freund von ihm, ein Pastor, versuchte vergeblich, ihn von seiner vermeintlich falschen Lehre abzubringen. Denn nicht alles, was er schaute, konnte die evangelische Kirche dogmatisch einordnen. Später separierten sich seine Anhänger und gründeten eine eigene Kirche.

Ein ähnlicher Fall ist der von Jakob Lorber (1800-1864). Er war Musiklehrer in Österreich. Lorber hatte keine Schauungen wie z.b. Swedenborg, seine Eingaben aus der geistigen Welt waren auditiv. Er hörte die Stimme eines geistigen Wesens und schrieb diese auf. Er bezeichnete sich selbst als Schreibknecht Gottes. Unzählige Bücher entstanden so. Seine Themen reichen von der Entstehung der Welt, die Bedeutung des Kosmos, das Leben im Jenseits bis zum Sinn und Ziel des Lebens. Seine Lehre ist weitgehend mit der von Swedenborg gleich. Lorber war zeitlebens Mitglied in der Katholischen Kirche.

Mancher Leser mag sich hier fragen, ob diese Schauungen deckungsgleich sind mit den Aussagen der Bibel. Es gibt tatsächlich nicht immer Übereinstimmung. Das könnte daran liegen, dass nicht alles in der Bibel steht; das könnte auch daran liegen, dass Schauungen sehr subjektiv für den einzelnen Seher oder Hörer sind. Die geistige Wahrheit tut sich oft in verschiedenen „Sprachen" kund und passt sich dem Verständnis des Menschen an. Hier soll es aber nicht darum gehen, was letztendlich wahr ist, sondern darum zu zeigen, dass es eine geistige Ebene gibt.

3.Kapitel
Schriftliche Zeugnisse

Neben den Berichten von Nahtoderfahrungen und Jenseitserlebnissen zu Lebzeiten, gibt es noch andere, weltweite und historische Schriften, die von unsichtbaren Wirklichkeiten berichten. In der Neuzeit galt in der Philosophie und Theologie der Glaube an das Übernatürliche als überholt. Die alte Literatur hielt man für primitiv und sie zeugte angeblich von vorwissenschaftlichem Denken. Sie galt als irrational und wurde somit nicht ernst genommen. Zu sehr war die moderne Wissenschaft von sich eingenommen und sie sah mit Hochmut auf die Zeiten und die Völker, die noch vermeintlich im naiven, nichtrationalen Denken steckten. Zu sehr glaubte man - zum Teil noch heute - an die Unfehlbarkeit des Verstandes. Das ganze Leben meinte man mit der Vernunft ergründen zu können, was an sich nicht ganz falsch ist. Jedoch hatte man übersehen, dass die Vernunft sich auch entwickeln kann. Die Logik ist einseitig, wenn ihr Blickwinkel zu eng ist, sie ist aber sehr hilfreich, wenn sie allumfassend ausgerichtet ist. Wenn sie z.B. nur auf Materie gerichtet ist, wird sie ausschließlich Erkenntnisse über die Materie finden. Ist sie aber auf geistige Dinge gerichtet, wird sie Wahrheiten im geistigen Bereich entdecken. Martin Luther soll einmal gesagt haben,: "Die Vernunft ist eine Hure, sie geht mit jeder Weltanschauung ins Bett". Damit meinte er, dass logisches Denken beschränkt und quasi ein Werkzeug ist, womit man jede Wahrheit erklären kann. Zwei Vertreter von unterschiedlichen Denkschulen argumentieren mit derselben Logik, kommen aber zu anderen Resultaten, weil ihr Augenmerk auf andere Dinge gerichtet ist. Früher hatte man gedacht, dass logisches Denken an sich schon zu stimmig gleichen Resultaten führen würde, weil man Vernunft für unfehlbar hielt. So z.B. Georg Wilhelm Friedrich Hegel: "Wenn die Vernunft sich als absolut erkennt, so fängt die Philosophie damit an". (In: Der Gott der Philosophen, S. 324). Selbst wenn Hegel diesen Satz nicht so platt verstanden hat, wie hier dargestellt, ist doch im allgemeinen Bewusstsein der Glaube an die Vernunft ungebrochen. Aber selbst wenn das stimmen würde, dass man alles erkennen könne, käme man nur zu annähernd unfehlbaren Ergebnissen, wenn man die Aufmerksamkeit auf *alle* Bereiche des Lebens richtete. Alle zusammen erst würden ein wahres Bild der Wahrheit zeigen.

Was damit gesagt werden soll, ist, dass der Blick auf das Jenseits lange Zeit nicht gewagt wurde, weil man es als nicht existent ansah oder zumindest nicht für erkennbar, wie die philosophische Schule des Positivismus lehrte. Im Grunde folgt man heute noch diesem Gedanken und die Kirche lässt sich davon lähmen und wagt es nicht, ihre metaphysische Mitte zu suchen. Sie wagt es nicht, sich einer Rückkehr des Geistes zu öffnen.

Warum klammert die Kirche aber dieses Denken aus? Ein Grund liegt in der Kirche selbst. Seit dem Mittelalter galt alles, was geistig oder übernatürlich ist, als nicht von Gott. Alles, was aus dieser Richtung kam, galt als Hexerei. Menschen, die geistige Gaben hatten, egal ob sie von Gott kamen oder nicht, wurden verfolgt und getötet. Dadurch musste dieses Wissen in den

Untergrund abtauchen. Bis heute existieren diese als Geheimbünde. Die christliche Lehre spaltete quasi all das aus ihrer Theologie ab. Zuerst wurde es als "nicht von Gott" verdächtigt und später in der Neuzeit als Irrglaube diffamiert und somit als nichtig erklärt. Selbst Menschen, die heute von der Kirche als Heilige verehrt werden, hatten sich anfangs zuweilen dem Vorwurf gegenüber zu rechtfertigen, ihre Begabung sei nicht göttlichen Ursprungs.

Sensible Menschen, die einen Zugang und ein Verständnis von geistigen Dingen besitzen, vermeiden es selbst heute, sich damit zu beschäftigen, weil die Angst davor zu tief sitzt. Besonders in sehr frommen christlichen Kreisen wird immer noch davor gewarnt. Dabei müssten diese doch, da sie die Bibel sehr ernst nehmen, gerade erkennen, dass in ihr von vielen übernatürlichen Wundern berichtet wird. All die Propheten des Alten Testamentes waren Wundertäter und die Jünger Jesu, von denen das Neue Testament berichtet, ebenso. Jesu Wirken war voller Wunder. Er hatte sogar bei seinem Abschied gesagt, dass wir größere Dinge in Zukunft tun werden, wenn der Heilige Geist uns lenkt (Joh.16,12.13).

Es ist nicht zu bezweifeln, dass die Kirche im Laufe ihrer Geschichte "das Kind mit dem Bade ausgeschüttet" hat. In dem irrigen Glauben, alle Wunder des geistigen Bereiches seien nicht von Gott, hat sie ihre Lehre verfälscht. Sie hat im wahrsten Sinn des Wortes eine halbe Wahrheit verkündigt. Heute ist das deutlich spürbar und zugespitzt. Doch wie immer im Leben, wenn etwas den höchsten Punkt erreicht hat, geht es wieder bergab und ein neuer Berg kann erklommen werden. Die Zeit ist reif für eine

Wiederkehr des Geistes. Der Materialismus hat ausgedient!
Ohne im Einzelnen auf die Inhalte der alten Schriften der Menschheit einzugehen, soll auf diese nur wenigstens hingewiesen werden. So erkannte auch der Psychologe Carl Gustav Jung die Bedeutung der alten religiösen Schriften und sah in ihnen ein kollektives Wissen der gesamten Menschheit. Keines dieser Texte war einseitig diesseitig ausgerichtet, sondern alle bezeugen eine geistige, jenseitige Welt. Die Texte der Hochkultur Ägyptens, die Schriften der Mayas, die indischen Veden, oder das Tibetische Totenbuch, um nur einige zu nennen, berichten ausführlich über die jenseitige Welt, ganz zu schweigen von der Bibel. Exemplarisch für nichtchristliche Schriften soll das Bardo Thödol, das sogenannte tibetanische Totenbuch, kurz dargestellt werden.

Es schildert die Reihenfolge, die ein Verstorbener direkt nach seinem Ableben erfährt. Ähnlich den Nahtoderlebnissen in unserem Kulturkreis erlebt er als erstes, dass er in seiner gewohnten Umgebung umher wandelt, oft ohne zu wissen, dass er gestorben ist. Erst an den nicht vorhandenen Reaktionen der Lebenden erkennt er, das er gestorben ist und einen Geistleib hat. Dann erscheint ihm ein helles Licht. Ein Mensch, der zu Lebzeiten sich damit beschäftigt hat und ein gottzugewandtes Leben geführt hat, erkennt sofort darin sein Ziel und öffnet sich ihm. Er geht in dieses Licht und ist erlöst. Manche fürchten sich vor diesem Licht und wenden sich ab. Ihnen erscheint ein fahles Licht, in das sie lieber gehen möchten.

Zur Warnung kommen göttliche Geistführer ("Gottheiten") und wollen ihm den Weg hin zum wahren Licht zeigen. Wer ihnen nicht folgt, gelangt in einen unteren Geistesort, wo ihm wieder und wieder das Licht erscheint, nun aber andersfarbig. Immer wieder wollen Geistführer ihm den Weg zeigen. Aufgrund seines Karmas (seine schlechten Taten) aber fürchtet er sich vor dem reinen Licht und zieht das dunklere vor. Zu jeder Zeit könnte der Verstorbene das wahre Licht wählen. Einige schaffen es, viele aber nicht. Jede Seele hat das Bestreben zu Ihresgleichen zu kommen und so hält sie sich vom Licht fern. So gelangt sie immer tiefer bis in die höllischen Gefilde. In den östlichen Denkschulen ist die Vorstellung vorhanden, wonach es eine Reinkarnation ins materielle Leben gibt. So kann sich eine Seele im Jenseits danach sehnen, ins Leben zurück zu kehren und sich dort weiter zu entwickeln, um zu einem späteren Zeitpunkt bereit für das göttliche Licht zu sein.

Das Buch Bardo ist aus dem Grund geschrieben worden, um dem Sterbenden auf dem Totenbett und nach dem Tod mehrere Tage lang das Geschehen des Nachtodlichen vorzulesen und zu deuten, damit er nicht dem fahlen Licht folgt, sondern dem hellen göttlichen. Es ist ein seelsorgerliches Begleitbuch auf dem Weg ins Jenseits.

Vom christlichen Glauben her mag die Frage berechtigt sein zu fragen, ob dieses Licht identisch ist mit dem christlichen Gott. Diese Frage steht hier aber nicht im Fokus der Betrachtung. Es geht lediglich darum zu schauen, welche Vorstellungen es vom Jenseits gibt.

Kapitel 4
Erkenntnisse der Naturwissenschaft

Bisher schien es so, als stünde die moderne Wissenschaft dem Gedanken, dass es so etwas wie Geist gibt, entgegen. Fast jeder Mensch, wenn man ihn befragt, hat noch ein "Newtonsches Weltbild". Newton (1642 - 1727) hatte gelehrt, dass die Welt wie eine Maschine abläuft. Sie ist also rational zu erfassen und zu berechnen. Seine Befürworter gingen bisweilen soweit zu sagen, dass diese Welt determiniert ist. Das bedeutet, sie funktioniert präzise von ihrer Entstehung bis zu ihrem Untergang; alles ist vorprogrammiert. Diese mechanische Sichtweise gilt natürlich nicht nur für das große Universum sondern auch für den Menschen, also für sein Denken, Fühlen und Wollen. Der Mensch funktioniert wie eine Maschine und hat somit - keine Freiheit! Bis heute zieht sich dieser Gedanke hindurch und manifestiert sich in wissenschaftlichen Bereichen wie z.B. der Medizin und der Hirnforschung. Eine Gerätemedizin ist die Folge, mit allen positiven und negativen Begleiterscheinungen. Es lässt sich nicht leugnen, dass dieses Denken unsere moderne Wissenschaft sehr geprägt hat und viele Fortschritte auf diesem Wege erzielt wurden.

Das Makabre an der Hirnforschung allerdings ist, dass man zu beweisen glaubt, dass der Mensch tatsächlich nicht frei zu sein scheint in seinem Denken, Fühlen und Wollen. Denn sie hat festgestellt, dass das Gehirn, dieser Denkapparat, schon scheinbar von sich aus beschließt, etwas zu tun, *bevor* der Mensch sich dessen bewusst wird. Das hat das Experiment des amerikanischen Neurophysiologen Benjamin Libet in den 1980er Jahren belegt und ist in der Forschung als "Libet - Experiment" bekannt geworden. Das heißt: Ich tue nur das, was das materielle Gehirn vorher, ohne mein Wissen, beschließt. "Ich" will nur das, was dieser Apparat will. Was liegt da näher zu glauben, als dass diese Maschine meinen Willen, das Fühlen und Denken, also meine "Seele" hervorbringt. Im Gehirn wird durch biologische und chemische Prozesse mein unbewusstes Programm erzeugt. Das ist pure Prädestination, pure Vorherbestimmung. Der Geist ist nach dieser Denkweise also ein Produkt des materiellen Gehirns! Alles, was mich ausmacht, meine Persönlichkeit, ist von dieser "Maschine" hergestellt worden.

Von einer nicht bewussten Vorherbestimmung des Menschen war schon Sigmund Freud (1856 - 1939) überzeugt. Er erkannte, dass der Wille des Menschen vom Unbewussten gesteuert wird und somit nicht frei sein kann.

Die Frage stellt sich aber nun: Wer lenkt unser Unbewusstes? Sind es chemische und mechanische Prozesse? Wer aber programmierte dieses Programm?? Ist da ein nochmals übergeordneter Wille vorhanden, hinter dem Unbewussten? Falls man diese Frage mit Ja beantwortet, wer ist dann dieser Jemand??

Die Antwort darauf kann uns heute sogar die moderne Physik geben, nämlich die Quantenphysik! In ihrer Forschung über die Materie gelangte sie in Bereiche, die den Aufbau eines Atoms verdeutlicht. Ein Atom galt früher als kleinstes unteilbares Teil der Materie (der ursprünglich griechische Begriff "Atomos" bedeutet "Nicht teilbar"). Man nahm an, dass es innerhalb des Atoms nichts mehr gibt und dass die gesamte Materie aus diesem festen Teilchen besteht. Nun aber hat man entdeckt, dass das Atom nicht fest ist. Und somit nicht materiell! Innerhalb des Atoms wirbelt es von energetischen Kräften. Um den Atomkern kreisen Elektronen. Innerhalb des Atomkerns sind die Protonen und Neutronen. Jedes von ihnen besteht aus drei sogenannten Quarks. Innerhalb von diesen existieren die X-Teilchen, auch Geistteilchen genannt. All das ist nicht mehr als Materie zu bezeichnen. Zutreffender ist die Bezeichnung "Geist" oder "Energie". Um die Größenordnung zu verdeutlichen, nur ein Beispiel: Würde man diese winzigen Dimensionen gedanklich vergrößern, so dass der Atomkern die Größe eines Fußballes hätte, dann wäre die Entfernung bis zu den sie umkreisenden Elektronen ca. drei Kilometer weit. Dazwischen ist - nichts! Würde man dieses "Nichts" entfernen, so dass Atomkern und Elektronen aufeinanderliegen, so würde das, was wir Materie nennen auf eine nicht mehr zu messende Größe schrumpfen. Übertrüge man das auf einen Menschen, so wäre sein Körper so klein dass man ihn nur mit einem Mikroskop erkennen könnte, nämlich 30 µ–Meter, das sind 0,030mm. Das bedeutet, der Mensch besteht aus über 99% Nichtmaterie, also Geist. Und dieser ist pure Energie, Geistenergie.

Und noch etwas Erstaunliches hat die Quantenphysik herausgefunden: Diese Geistenergie ist bewusst! Sie ist keine automatisch ablaufende, unbewusste Kraft. Sie ist eine Energie, die auf den Betrachter reagiert. Sie verhält sich nämlich anders, wenn sie beobachtet wird.

Das heißt, dass unser Denken, Wollen und Fühlen die "Materie" durchaus beeinflusst. Bei Überlegungen zur Heilung von Krankheiten kann das wichtig sein. Das wäre zum Beispiel eine Erklärung, wieso manchmal Placebo-Medikamente (Scheinmedikamente) helfen oder die Anwesenheit eines Menschen, der Optimismus wecken kann, zur Gesundung beiträgt.

Zurück zur Naturwissenschaft! Die Erkenntnisse der Quantenphysik, dass Materie quasi aus Geistenergie besteht, gilt nicht nur für den Menschen, sondern für alles, was ist. Alles, was auf Erden ist, die Erde selbst, die Planeten, das Sonnensystem und alle Universen. Oben genannte Überlegungen können eine Erklärung sein für implodierende Planeten, deren Materie sozusagen schrumpft auf eine nicht mehr sichtbare Größe, aber voller Energie ist und ein sogenanntes "Schwarzes Loch" erzeugen. Und das ist vielleicht auch die Energie, die vor dem vermutlichen "Urknall" vorhanden war, bevor durch ihn die materielle Welt entstanden ist.

In der Theologie wird gern behauptet, dass Gott die Welt aus dem "Nichts" erschuf. Dieses Nichts ist aber, wie wir gesehen haben, nicht etwas Nichtexistentes, sondern energiegeladener, bewusster Geist. Manche Philosophen, wie z.B. Baruch Spinoza (1632 - 1677), nannten dieses Geistige "Gott" und kamen zu der Schlussfolgerung, dass die Welt mit Gott identisch ist. Man nennt dieses Denken "Pantheismus". Welt gleich Gott und Gott gleich Welt.

Vertreter der neuen Physik, u.a. Grichka und Igor Bogdanov, gehen ebenfalls davon aus, dass Materie und somit das gesamte Universum, nicht wie eine unbewusste Maschine abläuft, sondern sich verhält wie ein intelligenter Geist. Die Welt ist kein Uhrwerk sondern ein intelligentes Wesen, mit Bewusstsein und Willen! Das Universum "lässt sich nicht länger mit einer ungeheuren Maschine vergleichen, sondern eher mit einem gewaltigen Gedanken" (aus: Gott und die Wissenschaft, von Jean Guitton, Grichka und Igor Bogdanov, S.11).

Der Physiker Rupert Sheldrake spricht in diesem Zusammenhang von einem "Morphogenetischen Feld". Er sagt: Die unsichtbare Welt, die uns umgibt und in der wir leben, speichert alles, was wir denken, fühlen und tun. Sie reagiert und agiert. Sheldrake hat festgestellt, dass Ereignisse, die hier geschehen, also beispielsweise wissenschaftliche Entdeckungen oder Erfindungen, *zeitgleich* an anderen Enden der Welt und ohne Kontakt zueinander zu haben, geschehen.

Ebenfalls, wenn irgend ein Mensch etwas Bestimmtes versteht oder er einen neuen Gedanken hat, andere Menschen leichter das Gleiche verstehen als dies vorher der Fall war.

Um das zu verdeutlichen: Bei Tierexperimenten konnte man das Gleiche nachweisen. Zum Beispiel stellte man Ratten in eine Kiste und gab ihnen mehrere Aufgaben. Schwere Aufgaben konnten nicht gelöst werden. Stellte man hingegen eine trainierte Ratte, die diese Aufgabe geschafft hatte, in die Nähe des Käfigs, konnten die anderen Ratten plötzlich die Aufgaben lösen, - nur, wie es scheint, weil diese eine es konnte.

Anhand vieler ähnlicher Experimente und Beobachtungen von menschlichen Ereignissen, geht also Sheldrake davon aus, dass es ein Feld gibt, das uns umgibt, wo alle Erkenntnisse gespeichert sind und sie abrufbar sind oder uns ohne unser Wissen beeinflussen.

Bei der Evolution des Lebens, seit seines Bestehens, so folgert Sheldrake, muss das auch eine Rolle gespielt haben, denn dieses Feld besteht von Anfang an. Evolution ist somit nicht nur ein physikalisches und biologisches Ereignis, sondern eben auch ein geistiges. Jede neue Erkenntnis innerhalb eine Sippe führte zu einem weiteren geistigen Fortschritt für die gesamte Menschheit. Man darf also neben der biologischen auch von einer geistigen Evolution des Verhaltens sprechen.

Das Universum und somit alle Lebewesen, inklusive des Menschen, sind der Quantenphysik zufolge mehr Geist als Materie. Das Feste, das wir Materie nennen, ist also ein Nebenprodukt des Geistes. Man kann sie sich als eine andere Schwingungsfrequenz vorstellen.

Wenn beim Tod dieser "feste" Körper seine Funktion aufgibt, bleibt die geistige Energie erhalten, die man Seele nennt.

Zurück zur Hirnforschung! Wir fragten vorhin: Wer steuert das Unbewusste? Ist das Unbewusste und Geistige nur ein Produkt des materiellen Gehirns?

Die Antwort kann nach diesen Forschungsergebnissen nur lauten, dass es genau umgekehrt ist, nämlich: Das materielle Gehirn ist *nicht* ursächlich, sondern ein geistiges "Produkt". Und das Unbewusste, auch Vorbewusstsein genannt, ist nicht fremd gesteuert, sondern sie ist unsere eigene geistige Seele, unser unsichtbares tiefstes "Ich". "Ich" denke, fühle und will, bevor das materielle Gehirn es registriert und es für die Apparatetechnik messbar sein kann. Die materielle Technik kann nur materielle Ergebnisse erkennen und messen und kann nur das Endprodukt eines Vorganges als physikalisches Ergebnis feststellen. Tief in uns drin ist unsere Seele, und da sie geistigen Ursprungs ist, ist sie nicht messbar.

Diese Geistseele ist verbunden mit dem Geist des Kosmos, dem "Morphogenetischen Feld". Man kann sich das Verhältnis wie einen Tropfen Wassers vom großen Meer vorstellen. Zwar ein separates Teil von ihm, aber dennoch substantiell mit ihm gleich. Das geistige Universum agiert mit uns und wir agieren mit ihm. Nichts, was wir tun, bleibt ohne Einfluss auf das Universum. Diese Seele, verbunden mit der universellen Geistseele, steuert mein Gehirn. Und es scheint bei materiellen Messungen so zu sein, als wäre es ein vorbewusster und unbewusster Vorgang. Jedoch ist es unser tieferes Ich. Dieses zu erkennen, ist Sinn und Zweck jeder Religion.

Diese Gemeinsamkeit von Seele und Universum erzeugt das, was in der östlichen Philosophie "Karma" genannt wird. Im Westen würde man von "Schicksal" sprechen. Jedoch meint man oft irrtümlich, dieses Schicksal sei blind und es handelt nach dem Zufallsprinzip. Die Wörter "Schicksal" und "Zufall" besagen schon von ihrem Wortsinn her, dass jemand da sein muss, der etwas "schickt" und der einem etwas "zufallen" lässt oder etwas wirft. Das Schicksal ist nicht blind! Es handelt nach den Informationen, die wir ihm geben, durch all unsere Handlungen. Das Alte Testament der Bibel kennt diesen Vorgang als "Tun-Ergehen-Zusammenhang". Auch spricht es von einem "Buch des Lebens", in dem alle Taten der Menschen aufgeschrieben sind. In der Theosophie und Anthroposophie spricht man von "Akasha - Chronik". Genau das ist mit morphogenetischem Feld gemeint.

Dieser Gedanke ist im Bereich der Medizin auch anzutreffen. Zum Beispiel in der Homöopathie. Eine Information, eventuell von einer Pflanze, wird freigesetzt indem der materielle Bestand soweit verdünnt wird, bis sich der geistige Informationsgehalt gelöst hat. Die Medikamente enthalten dann nur noch die geistige Information, nicht mehr den materiellen Stoff.

Ähnlich ist es bei sog. "Placebo"-Präparaten. Für die Schulmedizin ist das ein Rätsel, dass es Patienten besser geht, wenn sie ein Scheinmedikament erhalten, also eine Tablette ohne vermeintlichen Wirkstoff. Warum aber kann solch ein Medikament trotzdem wirken?

Die Mediziner sprechen dabei oft von "Einbildung". Der Patient bildet sich also nur ein, dass es ihm besser geht. In Wirklichkeit sei das aber nicht der Fall.

Wenn also jemand Kopfschmerzen hat und ihm ein Placebo gegeben wird und seine Schmerzen dabei weg sind, sind sie für den Patienten in seiner Wirklichkeit nicht mehr da, für die Ärzte aber schon. So ist es bei vielen Medikamenten, die lindernde oder heilende Wirkungen zeigen, trotzdem werden sie vom Markt genommen und die Krankenkassen zahlen sie nicht. Will man ihnen keine wirtschaftlichen Interessen unterstellen, dann liegt der Grund sicher darin, dass man sich einfach nicht vorstellen kann, dass es geistige Heilverfahren gibt; die kann man nämlich nicht messen und unter dem Mikroskop untersuchen. Und deshalb gibt es sie nicht im streng wissenschaftlichen Sinn. So ist es auch bei der Akkupunktur oder ähnlichen Verfahren.

Bei einer wissenschaftlichen Untersuchung hat man festgestellt, dass man die Akkupunktturnadeln auch in beliebige Bereiche des Patienten stechen kann, also ohne Beachtung der angeblichen Wirkpunkte, und dass trotzdem eine heilende Wirkung erzielt wird.

Könnte die Krankenkasse nicht sagen: okay, all das hilft dem Patienten, also lassen wir es zu und wir unterstützen das? Dem Patienten ist es doch egal, wie seine Schmerzen weggehen. Hauptsache er hat keine mehr!

Warum aber helfen die Scheinpräparate und Scheinbehandlungen, obwohl es nachweislich keine wissenschaftliche Erklärung dafür gibt?

Die Schulmedizin spricht, wie gesagt, von Einbildung oder Suggestion. Weil sie keine andere Erklärung dafür hat. Tatsächlich ist es aber so, dass die Wirkung auf etwas anderes zurückgeht. Nämlich auf das, was man "Information" nennt.

Bei homöopathischen Medikamenten ist die Information von Heilpflanzen oder anderen Substanzen enthalten. Bei Placebobehandlungen, sei es als Tablette oder manuell, ist die Information durch den Arzt gegeben. Der Arzt sagt zum Patienten: "Dieses Medikament oder diese Behandlung wird dir helfen!" Damit gibt der Arzt eine Information an das Unterbewusste des Patienten und dort sendet es eine Gegeninformation an den Körper, der dann heil wird.

Vielleicht mag das für manche unwahrscheinlich klingen. Aber mit nur einem Beispiel lässt sich das sehr gut verdeutlichen. Jeder von uns kennt diese Situation: Es geht einem gut. Plötzlich kommt ein Telefonat mit einer sehr schlechten Nachricht. Durch die Information (!) werden wir kreidebleich und unser Herz schlägt wie wild und vielleicht sacken die Beine weg und man fällt hin und ist kraftlos. Nur durch diese Information! Vielleicht denkt jetzt jemand, ja aber das war doch eine reale Information und somit erklärbar. Aber der mag bedenken: Kurz danach kam ein weiteres Telefonat und man teilte mit, dass es sich bei der vorherigen Information um einen Irrtum gehandelt habe. Die Information entsprach somit nicht der Realität. Und sie hat trotzdem gewirkt - eben weil man ihr geglaubt hat.

Jesus, der ja bekanntlich heilen konnte, kannte dieses Phänomen, denn er sagte oft, wenn er jemanden geheilt hat: "Dein Glaube hat dir geholfen!" (Mt.9,22). Denn jede Information, die glaubend empfangen wird, erzeugt eine Reaktion im Körper und in der Seele.

Noch stärker wirkt ein Placebo, wenn der Arzt selbst nicht weiß, dass es ein Scheinmedikament ist, wenn er also glaubt, dass es ein "richtiges" Medikament ist und hilft. Bei der Akkupunktur ist es ähnlich. Der Patient glaubt, dass die Nadeln ihm helfen und mit diesem Glauben unterstützt er die Selbstheilungskräfte seines Körpers, selbst wenn die Nadeln an bewusst falschen Stellen eingestochen werden.

Wie oben festgestellt, besteht der Mensch nach der neuesten Physik wesentlich aus Geist. Bei dieser Tatsache ist es sogar sehr erstaunlich, dass physikalische Medikamente überhaupt auch eine Wirkung haben. Es ist wesentlich logischer, dass geistige Informationen besser helfen. Wir sollten uns deshalb nicht fragen, wieso wirken Placebos?, sondern, wieso wirken materielle Substanzen? Es lässt sich vermuten, dass letztere auch nur wirken, weil man ihnen glaubt.

Ein anderes Beispiel ist die "Geistheilung". Jesus hat fast ausschließlich mit seinem Geist geheilt. Durch ein Wort (Information) und durch seine Hände. Wie wir jetzt wissen, sind Worte Informationen. Im Alten Testament der Bibel wird sehr oft die Formel gebraucht: "Und Gott sprach...", im Neuen Testament taucht die Formulierung auf: "Am Anfang war das Wort" (Joh.1,1). Viele Philosophen und Theologen haben sich den Kopf zerbrochen, wie man diese Bibelstelle genau ins heutige Deutsch übersetzen soll. Im griechischen Urtext steht das Wort "Logos". Es hat bekanntermaßen viele Übersetzungsmöglichkeiten. Nach heutigem Stand der Wissenschaft scheint die Übersetzung für Logos "Information" die genaueste zu sein.

Alle Worte sind Informationen und wirken. Deshalb ist es wichtig, dass Ärzte wieder mehr mit ihren Patienten sprechen und ihnen heilsame Dinge sagen. Leider kürzen die Krankenkassen die Zeit, die ein Arzt dafür benötigen würde.

Jesus hat, wie gesagt, auch mit seinen Händen geheilt und das "Handauflegen" auch seine Jünger gelehrt. Denn auch "Berührung" übermittelt eine Information. Vielleicht noch stärker als bloße Gedanken. Welcher Mensch ist nicht "berührt", wenn er berührt oder umarmt, gestreichelt oder "gesegnet" wird. In der Bibel wird sehr viel von Segen gesprochen. Beim Segnen kommt beides zusammen: Information und Berührung. Es ist mehr als erstaunlich, dass sich in der Populärmedizin diese Tatsachen so schwer durchsetzen, obwohl doch jedem Menschen das klar sein müsste. Zu sehr glaubt man noch an die Materie und daran, dass nur Chemie in Form von Tabletten oder Ähnlichem helfen könnte. Man weiß nicht, ob die Lobby der Pharmaindustrie dahinter steckt oder ob dieses Denken noch nicht angekommen ist, obwohl es schon Jahrzehnte in der Quantenphysik und Psychologie und in vielen alternativen Heilmethoden bekannt ist.

Abschließend lässt sich nach all dem sagen: Es gibt kein Leben, das wie eine Maschine abläuft oder gar nur materiell aufgebaut ist. Wenn sogar die moderne Physik über das Universum von einem "bewussten Gedanken" spricht (s.o.), so darf man durchaus sagen: Alles ist beseelt! Das Universum, die Erde, der Mensch, alle Lebewesen und Pflanzen. Zumindest ist alles geistigen Ursprungs. Bei Geist, der zugleich bewusst ist, darf man das Wort "beseelt" durchaus benutzen. Materie ist also, wenn man so will, im Grunde (grobstofflicher) Geist und Geist ist im Grunde Teil des universellen Geistes und dieser wiederum Teil Gottes.

Kapitel 5
Am Anfang war das Wort

Nach all dem Gesagten müsste klar sein, dass auch die ursprüngliche Schöpfung Gottes eine geistige war. Niemand bezweifelt, dass materielle Produkte, die der Mensch erschafft, seien es Häuser oder Maschinen oder anderes, zuvor einen Plan benötigen, wonach alles entstehen soll. Dieser Plan besteht in schriftlicher oder bildlicher Form auf Papier oder einem Bildschirm. Diese Form muss durch einen Kreator, einen Schöpfer, Gestalter, Ingenieur, Künstler, etc. entworfen werden. Dieser musste aber vorher darüber nachgedacht haben, also einen Plan im Kopf, eine Idee, gehabt haben. Diese Idee ist geistiger Art, sie besteht aus Berechnungen oder bildlichen Vorstellungen.

Also: Der Ursprung eines jeden Produktes liegt im geistigen, nichtmateriellen Bereich. Nichts gibt es, ohne geistigen Ursprung!

Was aber für die menschliche Produktion gilt, muss auch für alles andere gelten. Zum Beispiel für die Natur, den Planeten, das Weltall und alles, was existiert. Existenz kommt von "existere" und das bedeutet "hervortreten". Unsere Existenz ist also etwas, das von irgendwo hervorgetreten ist. Sie muss also vorher wo gewesen sein, um in Erscheinung zu treten. Unsere Sprache deutet es schon an. Und in früheren Philosophien war das durchaus klar verständlich, dass vor einer Entstehung etwas Geistiges vorhanden sein musste, nämlich eine "Idee", wie es Platon gelehrt hat. Die Ideenlehre Platons ist bis heute jedem bekannt und sie gewinnt in der neueren Physik immer mehr an Bedeutung, weshalb man den Begriff "Metarealismus" vorgeschlagen hat. (siehe: G. u. I. Bogdanov). Diese Bezeichnung verweist darauf, dass es neben oder hinter (meta) der Realität noch eine geistige Ebene gibt. Für alles Sichtbare muss es einen unsichtbaren Plan geben. Das ist in der neuen Wissenschaft sehr wohl bekannt. Aber wie man weiß, braucht jede neue Erkenntnis mindestens eine Generation Zeit, bevor sie in den Köpfen der Gelehrten ankommt. Diejenigen, die vor einigen Jahrzehnten Studenten waren, haben natürlich immer noch das Weltbild der damaligen Zeit vermittelt bekommen und vermitteln es, mehr oder weniger, heute noch den Studierenden. Zum Glück sickern aber mehr und mehr Informationen über das neue Weltbild durch. Es fällt trotzdem schwer zu verstehen, denn das neue Denken verlangt nichts weniger, als ein Umkrempeln oder eine Revolution des alten, vermeintlichen Wissens.

Lasst uns nun einen Blick ganz weit in die Zeit zurück werfen in die Vergangenheit! Die Wissenschaft spricht von einem "Urknall". Aber was davor war, weiß sie natürlich nicht. Da man aber für das Weltall dieselben Naturgesetze annehmen muss, wie oben besprochen, kann man annehmen, dass das Weltall auch einen geistigen Plan gehabt hat, bevor es ins Dasein getreten ist.

Der Gedanke, dass das Universum aus purem Zufall entstehen konnte, ist nicht mehr haltbar. Es ist zu komplex und bis ins kleinste Teilchen sinnvoll gestaltet. Niemand glaubt z.B., dass ein Computer oder Flugzeug aus purem Zufall entstehen konnte, geschweige denn ein so komplexes "Produkt", wie der Planet Erde oder das Universum. Die Bibel drückt diese Wahrheit ziemlich gut aus: Der erste Satz darin lautet:

"Am Anfang schuf Gott Himmel und Erde" (genauere Übersetzung: "*Im* Anfang schuf Gott *die* Himmel und die Erde).

Sie sagt damit aus, dass 1. die Schöpfung Gottes, also das Universum ursprünglich nicht da war und 2. dass Gott *vor* dem Weltall da war. Mit anderen Worten: Vorher gab es nur Gott! Aus der Bibel wissen wir, dass Gott Geist ist (Joh. 4,24). Anders ausgedrückt: Am Anfang war nur Geist und aus dem Geist ist alles entstanden. Daraus ergeben sich noch andere Konsequenzen, nämlich dass Gott 3. alles in allem war - denn neben und vor ihm gab es sonst nichts; und dass 4. das Leben aus Gott heraus entstanden ist. Alles, was ist, ist aus Gott! Noch anders: Alles ist Teil Gottes. Alles ist in seiner wirklichen Existenz (Wahrheit) Geist wie Gott. Die Bibel sagt: Der Mensch ist zu seinem Bild geschaffen (1.Mos. 1,27). Die Schöpfung aus dem vermeintlichen Nichts, ist somit eine Schöpfung aus Gott.

Wie ist aus dem Geist (=Gott) aber Materie entstanden? Im Neuen Testament der Bibel finden wir gleich zu Anfang des Johannes-Evangeliums, Joh. 1,1, den Text: "Am Anfang war das Wort...". Damit ist alles gesagt! Denn was ist "Wort" seinem Wesen gemäß? Oben haben wir es schon gesagt, es ist eine "Information". Aber wir können auch sagen: Ein Wort ist "Schwingung". Am Anfang war Information und Schwingung.

Wie kann man sich das vorstellen? Folgendes Experiment kann uns das verdeutlichen: Man streue feinen Sand auf eine dünne Metallplatte und streiche mit einem Geigenstab an der Kante entlang, so dass die Platte in Schwingung versetzt wird. Der Sand, der nun vibriert, bewegt sich, was verständlich ist. Aber nun das Erstaunliche: Er bewegt sich nicht in einem Durcheinander (die Bibel nennt das "Tohuwabohu" s. 1.Mos. 1,1f), sondern es bilden sich je nach Schwingungsgrad verschiedene Muster. Nach dem Entdecker dieses Phänomens Ernst F. Chladni werden diese "Chladnische Klangfiguren" genannt, die sich nicht nur auf Sand, sondern auch im in Schwingung versetzten Wasser zeigen können (s. auch unter www.wasserklangbilder.de).

Der Sand und das Wasser haben die Information eines bestimmten Tones aufgenommen und reagieren. "Gott spricht und es geschieht" (1.Mos. 1,3), ist eine feststehende Redewendung, die sehr oft im Alten Testament vorkommt. Und ist es ein Wunder, dass das "Wort" in der Bibel so eine starke Bedeutung hat?!

Ein Wort ist eben nicht nur ein Wort, sondern ist Information und Schwingung. Es scheint kein Zufall zu sein, dass die Schöpfung Gottes diesen o.g. Formen entspricht. Wenn man sich zum Beispiel die Pflanzen oder Blumen anschaut, entsprechen ihre Formen - welch ein Zufall! - fast genau den Chladnischen Schwingungsformen.

Interessant ist nun auch etwas Weiteres: Die Planeten und alle Sterne verhalten sich ähnlich wie diese Formen in ihren Umlaufbahnen. In neuerer Zeit hat man mit Computerberechnungen diese aufzeigen können. Man verband die einzelnen Planeten, z.B. Venus und Erde, mit einer Linie, beobachtete sie einige Tage, Monate oder Jahre und fotografierte sie viele Male, z.B. 1000 mal, in kontinuierlichen Abständen. Und es entstanden bezaubernde, symmetrische Formen, die ebenfalls Blumen oder Klangmustern ähnlich sahen. (Diese

"Signatur der Sphären" kann man sich anschauen unter: www.kepplerstern.de).

Unbedingt sei noch auf das "Wachstumsmuster" der Pflanzen und Blumen hingewiesen, die als "Fibonacci-Folge" oder "Goldener Schnitt", durch den genialen Mathematiker Leonardo Fibonacci, geb. 1170, errechnet und bekannt gemacht wurde. Hier wird deutlich, dass sich hinter den Klangmustern eine mathematische Bildfolge verbirgt und sie eine intelligente Struktur aufweist.

"Und Gott sprach, und es wurde" (Gen.1,3ff):
Sein Wort erschafft aus dem Geist eine Schwingung.
Und diese verdichtet sich zu einem Ton.
Dieser zu einem Muster.
Dieses zu einer Form.
Diese zu Materie.

Das ist die Reihenfolge der Schöpfung, vom Geist angefangen bis zur Verdichtung als Materie.

Der Vollständigkeit halber sei hier noch an das "Om" oder "Aum" erinnert, das in asiatischen Religionen gerne als Meditationswort verwendet wird. Durch die Schwingung dieses ersten Wortes der Schöpfung kommt man bei der Rezitation in Resonanz mit dem Ursprung des Seins. Seine Schwingung von 136 Hz nennt man auch "Frequenz der Seele", weil sie sehr harmonisierend zwischen Kosmos und Individuum wirkt. Es ist das Mittelding (Medium) zwischen dem geistigen Sein und der irdischen Existenz.

Eine ähnliche Vorstellung ist im Johannes Evangelium zu finden, wo es heißt: "Am Anfang war das Wort und das Wort war bei Gott und Gott war das Wort. Dasselbe war im Anfang bei Gott. Alle Dinge sind durch dasselbe gemacht (!) und ohne dasselbe ist nichts gemacht". (Joh.1,1-3).

Die Frage nach der Herkunft von allem, also auch des Menschen, kann hiermit beantwortet werden. Der Mensch kommt von Gott her; er ist aus seinem Wort, seinem Geist heraus entstanden. Er ist Teil seines Wesens, seines Bildes, seines Wortes. Er ist dem Wesen nach Geist wie Gott, dem Schwingungsgrad aber Verdichtung des Geistes, also Materie. Wie wir gesehen haben, ist eine scheinbar feste Materie in ihrem Kern (Atomkern), nichts weiter als Schwingung von "Geistteilchen". Gott schuf den Menschen Ihm zum Bilde (als Geist) und setzte ihn in die materielle Welt (aus Erde), wie es die zwei Schöpfungsberichte der Bibel erzählen (1.Mos. 1,1-31 und 1.Mos. 2,4-25).

Kapitel 6
Der Sinn der Religion

In der materiellen Welt des Erdenlebens ist die Energie des Menschen auf den festen Körper gerichtet, weil er ihn braucht, um sein Leben hier zu gestalten. Im Alter, wenn die physische Lebenskraft nachlässt, kommen die geistigen Dinge mehr zum Vorschein. Alte Menschen werden oft spirituell oder religiös. Am Ende beim Sterbeprozess, wenn der feste Körper nach und nach schwächer wird, kann es passieren, dass geistige, feinstofflichere Dinge bewusst werden. So haben die Sterbenden manchmal Erscheinungen von z.b. bereits Verstorbenen oder von "Boten", die das baldige Ende bekannt geben. Wenn dann der Körper seine Funktion aufgibt und stirbt, entschwebt der Gestorbene als Geistkörper dem physischen Leib und sieht diesen dann liegen. Er ist bei vollem Bewusstsein, so sehr, dass mancher gar nicht versteht, was hier geschieht. Denn er erlebt sich als körperliches Wesen, nur dass sein neuer Körper nun feinstofflicher Art ist, der auch durch Mauern und Wände hindurch gehen kann, wie in den vorhergehenden Kapiteln beschrieben wurde.

Da sein Denken seine Richtung bestimmt, wird er nun dorthin gezogen, was seinem Wesen nach entspricht. Seine Gedanken sind nun die Energie, die er jetzt zur Verfügung hat und diese bestimmt sein weiteres Fortkommen. Diese Gedanken beinhalten das, was er zu physischen Lebzeiten gedacht, getan, gefühlt und gewollt hat.

Ein Mensch, der so gelebt hat, anderen zu schaden, wird durch seine Gedanken dorthin geführt, wo ähnliche Wesen sich aufhalten. Er wird dann feststellen, dass andere ihn benutzen, so wie er es getan hat. Das wird seine "Hölle" sein.

Ein Mensch, dem das Wohl anderer am Herzen lag, wird in geistige Wohnstätten gelangen, wo ebensolche, wohlwollende, liebende Wesen leben. Das wird sein "Himmel" sein. Das Denken lenkt das Schicksal im Jenseits.

Das, was in der Bibel als "Strafe" Gottes bezeichnet wird, ist primär bestimmt von dem Wesen des Menschen. M.a.W. der Mensch selbst ist sein Schicksal, seine Hölle und sein Himmel.

Selbst wenn Gott einem Übeltäter erlauben würde, in selige Bereiche zu gehen, würde es ihm gar nicht gefallen, dort zu sein. Er würde sich fremd fühlen und freiwillig dorthin gehen, wo Seinesgleichen sind. So berichtet zum Beispiel der indische Christ Sadhu Sundar Singh, dem es zu Lebzeiten erlaubt war, in die geistigen Bereiche zu schauen (s. S. 225 ff., Sadhu Sundar Singh, Gesammelte Schriften). Viele Berichte von Nahtoderlebnissen bezeugen diese Wahrheit.

Zusammengefasst kann man sagen: Beim Sterben wird die physische Welt wieder verlassen, in die der Mensch am Anfang der Schöpfung gesetzt wurde. Welches neue Ziel er nun vor sich hat, liegt an seiner vergangenen Lebenszeit und an dem Bewusstsein und seiner Einstellung. Er hat sich nun ein "Karma" (Schicksal) geschaffen, das nun wirkt. Ist sein Bewusstsein nicht auf göttliche Dinge gerichtet, kann es sein, dass er eine gottferne Existenz führen muss, damit er erkennt, dass sein wahres Ziel bei Gott ist. Der Mensch wurde nämlich erschaffen, um in Herrlichkeit bei Gott zu sein. Durch seine Abwendung von ihm (siehe

Sündenfallgeschichte der Bibel), ist er in die niedere Ebene des materiellen Lebens gelangt.

Ist das Bewusstsein in der Vergangenheit auf niederträchtige Dinge gerichtet gewesen, wird sein Ziel nun in den niederen Sphären stattfinden.

Eine stark religiöse, auf Gott hin bezogene Vergangenheit hat Gottes Reich zum Ziel. Das ist das Bestreben einer jeden Religion, nämlich in den verlorenen Zustand des Paradieses zurückzukommen.

Man darf also sagen: Der Sinn der Religion ist, in den vollkommenen Zustand wieder zu gelangen, aus dem er als Gattung Mensch einst vertrieben wurde, wie es in 1. Mose, Kapitel 3, 1-24 in der Bibel beschrieben wird.

"Religio" heißt Rückbesinnung (nämlich auf Gott).

Unter allen Völkern der Welt gibt es Religion. Ihre Unterschiede sind kulturell und je nach Neigung geprägt. Je nach dem Erkenntnisgrad setzen sie oft andere Schwerpunkte. Aber in ihrer Intention sind sie ähnlich, nämlich die Wahrheit erkennen zu wollen und zum glücklichen, gottnahen Urzustand zu gelangen.

Die Menschheit strebt nach Höherem, weil sie sich im Universum als verloren empfindet und nicht akzeptieren kann, dass sie endlich ist. Sie empfindet Angst vor Krankheit und Tod.

Entweder findet ein Mensch sich damit ab und lebt ähnlich wie ein Tier, das nicht über sich nachdenkt oder er verzweifelt an der Bodenlosigkeit seines vermeintlich sinnlosen Daseins. Er kann dann versuchen, sich abzulenken in allen möglichen oberflächlichen Vergnügungen und Süchten und sucht nach Unter-Haltung (im Sinne von etwas, das ihn trägt). Beide Extreme sind nicht Zweck des menschlichen Daseins. Weder ist der Mensch wie ein Tier, noch kann sein Sinn darin bestehen, sich abzulenken, zu betäuben oder zu zerstreuen. Beide Extreme zeigen nur, dass etwas nicht stimmt, etwas nicht in Ordnung ist, etwas aus der göttlichen ursprünglichen Ordnung herausgefallen ist. Der überlegende Mensch entdeckt, dass er außerhalb des Paradieses lebt.

Niemand könnte an diesem Verlust leiden, wenn er nicht instinktiv ahnen würde, dass es dieses Paradies gibt. Niemand kann Mangel erfahren, wenn es das, wonach er verlangt, nicht gäbe. Er möchte zurück zu dieser Vollkommenheit! Das ist das inwendige, meist nicht bewusste Programm des Menschen. Aber wo soll er es suchen? Wo kann er es finden?

Die Kirche wäre eigentlich der richtige Ort, aber auch die unvoreingenommene Naturwissenschaft. Oftmals aber haben beide sich verrannt. Die Naturwissenschaft hat den Fehler gemacht, alles Geistige auszuklammern, indem sie nur das zuließ, was sich nur materialistisch nachprüfen lässt. Und die Kirchen (nicht alle!) ließen sich in ihrer modernen Theologie von diesem Materialismus verführen. Sie negierte ihren geistigen Unterbau und wurde einseitig sozialistisch und moralisch, als einziges Überbleibsel ihrer Religion. Denn wenn der Sinn für den Geist fehlt, bleibt nur noch Ethik als Legitimation übrig.

Wenn man heute Menschen auf der Straße nach der Bedeutung von Kirche fragt, werden fast alle zur Antwort geben, dass sie eine moralische Instanz sei und nicht mehr Antwortgeberin für wirkliche sinngebende Fragen. Auf den Universitäten und theologischen Akademien wurde für die Studierenden so etwas nicht gelehrt.

Zum Glück hat sich bekanntermaßen in der Naturwissenschaft sehr viel Grundlegendes getan. Im Prinzip berühren sich heute Quantenphysik und Religion. Früher galten Naturwissenschaft und Glaube als zwei unvereinbare Bereiche. Wer heute Physik studiert, begegnet dem Geist. Und wer unvoreingenommen Theologie studiert, trifft ebenfalls auf den Geist. Die moderne Physik kann ihr helfen, wieder zu ihrem ursprünglichen Bereich zurück zu gelangen. Hat sich die Theologie in den vergangenen Jahrzehnten zu sehr lähmen lassen von einer materialistisch geprägten Physik, so kann sie sich nun wieder auf ihr eigentliches Thema besinnen. Die Rückkehr des Geistes kann beginnen!

Die Frage, die nun im Raume steht, ist aber: Sind der Geist der Naturwissenschaft und der Geist der Religion derselbe? Für den Theologen sollte gelten: Geist gleich Gott. Für den Naturwissenschaftler kann aber gelten: Geist gleich etwas Unpersönliches.

Der Gott der Theologen, wenn er sich auf das hergebrachte Glaubensbekenntnis beruft, würde ein persönliches Wesen sein. Der Geist des Wissenschaftlers kann, trotz bewusst erscheinender Reaktionen im Labor (s.o. Kapitel!), ein unpersönlicher Geist sein.

Zwar ist es erfreulich, dass sich endlich beide Forschungsbereiche getroffen haben, aber es bedarf noch eines anderen Forschungszweiges, um die existentiellen Antworten zu erhalten, die den Geist betreffen. Die zentrale Frage ist also: Ist Geist nur eine unpersönliche "Leere" oder ist Geist persönlich und angefüllt mit Leben?

Physik, Philosophie und Theologie können nur theoretisch Antworten erteilen. Dabei bleiben sie aber in ihren Glaubensannahmen gefangen. Ihre Aussagen sind nur Vermutungen, nur ein Fürwahrhalten, aber kein Wissen. Wenn sich schon diese Forschungen auf die gemeinsame Antwort einigen können, dass der Grund des Lebens geistiger Art ist, so benötigen sie doch aber ein gemeinsames Forschungsgebiet, um die Frage nach der Intelligenz dieses Geistes zu beantworten.

Dieses ist die Erforschung des Jenseits. Die Theologie glaubt zwar an die Persönlichkeit des Geistes (an den persönlichen Gott), aber sie kann nicht beweisen, dass es so ist. In der Jenseitsforschung hätte sie nun ein Studienfach, das ihr Sicherheit geben könnte. Aber bisher hat sie dieses Thema, das sich anbieten würde, noch nicht behandelt. Warum eigentlich nicht?

Es gibt Bedenken und Befürchtungen und zwar aus unterschiedlichen Lagern. Die einen leugnen, dass es einen geistigen Grund gibt und deshalb halten sie es nicht für legitim, sich damit zu beschäftigen. Die anderen sind zwar überzeugt von der Möglichkeit, halten es aber für gefährlich. Es wird argumentiert, dass die Beschäftigung mit dem Jenseits negative Folgen haben kann. Und zwar, weil in der Bibel ausdrücklich verboten ist, die Toten in ihrer Ruhe zu stören und weil dieser Bereich der Wohnort der gegengöttlichen Geister ist. Dieser Hinweis ist sehr wohl berechtigt, aber einseitig!

Zum ersten Punkt: Die Beschäftigung der Theologie mit dem Thema "Jenseits" besagt nicht, dass man Spiritismus betreiben soll, also das Anrufen von verstorbenen Seelen zum Zweck, mit ihnen zu reden.

Aber zu Studienzwecken muss es erlaubt sein, ja es ist sogar nötig, sich damit theoretisch zu beschäftigen, damit man um diese Dinge Bescheid weiß.

Zweitens: Eine unbedarfte Herangehensweise mit diesem Thema ist durchaus gefährlich. So gefährlich, als wenn ein Kind, das nicht weiß, was elektrischer Strom ist, mit einer Steckdose spielt. Niemand würde sagen, dass es keine Elektriker geben dürfe, weil Strom so gefährlich ist. Niemand würde auch sagen, dass er auf Strom verzichten würde, weil es eben auch eine segensreiche Seite gibt.

Wenn z.B. ein Elektriker sich nicht intensiv damit beschäftigt, würde er sich mit den Gesetzen des Stromes nicht auskennen. Ja, er würde sogar gefährlich leben, weil er aus Unkenntnis sich elektrische und vielleicht sogar tödliche Stromstöße zufügen würde.

Ebenso muss ein Theologe sich mit den Gesetzen des Geistes beschäftigen, um nicht Schaden zu nehmen. Es ist also beides nötig: Die Beschäftigung damit und die Kenntnis darüber. Ein Pastor oder Priester, wenn er ein guter Seelsorger ist, muss darüber Bescheid wissen. Würde er sich diesem Thema verschließen, könnte er manches nicht richtig einordnen. Ob man sich auskennt oder nicht, ob man sich damit beschäftigt oder nicht, ändert nichts an der Tatsache, dass das Leben von den Gesetzen des Geistes beherrscht wird.

Ein Theologe, ein Priester oder Pastor sollte ein "Wissender" sein, was den Geist betrifft, denn das ist sein Forschungsgebiet. Er sollte ein Fachmann sein in Sachen Gott und in allem Spirituellen. Wofür sonst soll er ein "Geistlicher" sein? Er ist nicht allein dazu da, zu erklären, wie es damals war, vor ca. 2000 Jahren. Und die Kirche sollte kein Mausoleum sein für einen vermeintlich toten Gott, der damals mal gelebt hat und heute nicht mehr. Sie sollte Hilfestellung geben können in der heutigen Zeit. Sie hat eine therapeutische Aufgabe für das heutige Leben. Aber sie muss, um das zu können, auch wissen, was im geistigen Bereich geschieht. Sonst gerät sie in den Strudel einer oberflächlichen Geschäftigkeit. Die Kirche muss die Seele des Menschen kennen, bis hin zu den tiefsten Abgründe von ihr, und ebenso bis hin zu den höchsten Lichterfahrungen. Auch die klassische Psychologie ist leider immer noch zu sehr von der halbwahren Lehre Sigmund Freuds beeinflusst und kennt ihren tieferliegenden Grund nicht.

Die moderne Theologie hatte ebenfalls, beeinflusst von der materialistischen Lehre, nicht unbedingt etwas mit Spiritualität zu tun gehabt. Ihr ging es um "Historisch - kritische Forschungen", Bibelkritik, Dogmatik, Geschichte und Moral. Der spirituelle und geistige Aspekt wurde nur als historisches Phänomen angesehen aber nicht auf die Gegenwart bezogen.

Was aber ist Spiritualität in der christlichen Religion? Die Antwort lautet: Sie beginnt dort, wo das Wissen um Gott und seine Welt nicht nur theoretisch bleibt, sondern zur Erfahrung wird. Denn nur dort findet man wirkliche Religion. Ohne Spiritualität ist Religion nur Weltanschauung, aber nicht Religion im eigentlichen Sinne.

Oft wird gefragt, warum Jesus die Pharisäer und Schriftgelehrten seiner Zeit so harsch kritisierte. Gerade sie waren es doch, die bis aufs Kleinste versuchten, nach den Geboten Gottes zu leben und seine Gebote zu halten. Das scheint doch zentral zu sein für ein Religionsverständnis. Ja schon, aber eben doch nur einseitig. Zur wirklichen Religion gehört eben nicht nur Gesetzestreue und ein bestimmter Ritus oder die Ethik, sondern auch eine spirituelle, geistige Seite der Gotteserfahrung.

Die Kirchen stehen, wie die Pharisäer damals, stets in dieser Versuchung, diese Einseitigkeit zu leben. Gottes Gebote können nämlich nicht gehalten werden, wenn sie nur gesetzlich verstanden werden. Nur mit der Verbindung zu Gott ist das möglich. Die Kraft der Moral besteht nicht in sich selbst, sondern in Verstehen, Wissen und Einsicht, welche kein rein kognitiver Prozess ist, sondern ein ganzheitliches Geschehen. Jesus hat das so formuliert: "Ich bin der Weinstock, ihr seid die Reben, ohne mich könnt ihr nichts tun. Wer in mir bleibt und ich in ihm, der bringt viel Frucht." (Joh.15,5). Damit ist alles gesagt. Man kann die Gebote Gottes nur halten, wenn man eine Verbindung mit Gott hat. Nur durch ihn bekommt man diese Kraft; die menschliche ist begrenzt, Gottes Kraft ist grenzenlos. Ohne Ihn ist Ethik starr und gesetzlich!

Die Kirchen haben leider ihre Spiritualität an die Esoterik abgegeben. Sie hatten eine reiche Tradition, die aber leider in der Neuzeit nicht mehr geachtet wurde. Es ist endlich an der Zeit, sich von den materialistischen Weltanschauungen zu lösen und das spirituelle Fundament und Erbe wiederzufinden.

Kapitel 7
Das Reich Gottes als geistiges Reich

Die Welt ist mehrdimensional. Wir sind gewohnt, nur eindimensional zu denken. Alle unsere Sinne sind in der Regel auf diese unsere verstehbare, sichtbare, erlebbare Dimension gerichtet. Was sind Dimensionen? Es sind Schwingungsbereiche. In der Akustik z.b. wissen wir, dass der Mensch nur bestimmte Tonbereiche hören kann. Besonders musikalisch begabte Menschen hören etwas mehr, trotzdem ist das wenig im Vergleich zum gesamten Spektrum. Manche Tiere, wie beispielsweise Hunde, können noch mehr hören als wir. Genauso ist es mit Gerüchen. Auch diese sind begrenzt, die meisten Tiere riechen wesentlich besser. Mit dem Sehen ist es genauso. Nicht alle Farben, die es gibt, sehen wir - man denke nur an die ultravioletten Spektren, die manche Tiere wiederum sehen können, wie Insekten, Vögel, Reptilien und Fische. Und so ist es mit allen Sinnen!
Auch das Denken ist begrenzt und das Fühlen ebenso. Manche Menschen haben einen Sinn mehr. Man spricht allgemein vom "6. Sinn", jedoch gibt es viele weitere. Neben sehen, riechen, fühlen, hören und denken, haben diese einen Sinn für geistige Dinge: "Gedankenlesen", "Zukunftswahrnehmung", "Geistiges Heilen", "Verstorbene sehen oder hören", "Engel wahrnehmen", "Gott schauen" und so fort. Auch das Beten sollte man in diese Kategorie einordnen, denn es knüpft ebenfalls an etwas Übernatürliches an, nämlich den "Sinn für Gott". Nicht jeder hat diesen Sinn, deshalb fällt es vielen so schwer zu beten, weil sie dabei nichts empfinden. Gebet ist, wie man in der Theologie sagt,

eine Gnadengabe oder Geistesgabe, ist also etwas, das von Gott geschenkt wird und steht nicht in unserer Macht. Trotzdem soll man als gläubiger Mensch beten. Während des Gebetes kommt es früher oder später zu diesem Empfinden der Gegenwart Gottes. Jeder Religion ist das bekannt, egal ob sie es beten oder meditieren nennen. Gebet ist eben nicht in ihrem Kern etwas Tradiertes, Dahergesagtes, sondern es ist Reden mit Gott, in Verbindung mit seinen geistigen Welten, Jesus Christus, Maria, allen Heiligen, allen Engeln, usw. Gebet ist das Eingangstor in das geistige Reich Gottes. Es ist kein weltliches Reich, wie Jesus selbst auch betont hat (s. Joh.18,36).

Manche Theologen, die keinen Sinn für das Spirituelle hatten, predigten vom Reich Gottes als politisches oder zukünftiges Reich und verbanden damit eine sozialistische Utopie, wie die evangelischen Theologen Jürgen Moltmann und Wolfhart Pannenberg, die frei weg die kommunistischen Ideale als christliche verstanden, weil auch sie, gelähmt durch das materialistische Denken, nicht mehr an eine jenseitige Wirklichkeit glauben konnten. Sie wollten deshalb den Gedanken des Reiches Gottes auf das Diesseits verschieben und mit politischen Mitteln erreichen. Und so ist es auch heute noch. Der evangelische Kirchentag und das Lutherjubiläum 2017 zeigen das sehr deutlich. Da wurde meist sehr einseitig der Glaube als Ethik missverstanden und Politik gepredigt statt von Spiritualität. Auch Jesus wurde ursprünglich so missverstanden. Judas, sein Jünger, hat ihn wahrscheinlich so gesehen und gedacht, dass Jesus als der Messias eine politische Größe sein müsse und dass er in dieser Welt das Reich Gottes mit Gewalt herbeiführen will (so wie Mohammed einige Jahrhunderte später seinen Glauben durch Kriege durchgesetzt hat). Aber Jesus hat sich dagegen verwehrt. Als das Volk "Hosianna" jubelnd, ihn zum politischen Führer Israels machen wollte, entzog er sich ihnen und später, als er bei seiner Gefangennahme gefragt wurde, wies er darauf hin, dass sein Reich nicht von dieser Welt ist (Joh.6.15; 12,12.13; 18.36). Wenn wir also nicht verstehen, dass der christliche Glaube mit dem Geist zu tun hat, missverstehen wir ihn fundamental. Wie sieht denn das geistige Reich Gottes aus und auf welche Quellen können wir uns berufen?

Es ist offensichtlich, dass die Philosophie und ähnliche Geisteswissenschaften bis heute Probleme haben, diese Bereiche zu verstehen. Woran liegt das? Es liegt am System selbst, an den "Werkzeugen". Mit einem groben Schraubenzieher kann man keine feinstrukturierte Armbanduhr reparieren und mit einer Lupe kann man keine mikroskopisch kleinen Bakterien erkennen. Das grobe Werkzeug der Philosophie ist die Vernunft. Im Prinzip ist sie nur für diesseitige Wirklichkeiten zu gebrauchen. Alles in der sichtbaren Welt kann durch sie erkannt werden. Aber mit Welten, die feiner und geistiger Art sind, kann sie nichts anfangen, jedenfalls nicht ohne Zuhilfenahme eines anderen Sinnes. Die Energie der Vernunft sitzt im Kopf.

Bisher hat man immer geglaubt, nur mit dem Kopf könne man die Wahrheit ergründen. Es gibt aber im Körper des Menschen mehrere Energiezentren. Es kann sehr hilfreich sein, sich diese auch mal anzuschauen.

Machen Sie mal ein Experiment! Sagen Sie in einer Gruppe von Menschen: "Bitte zeigt mal mit eurem Finger oder mit eurer Hand auf euch selbst und sagt dabei: `Das bin ich!`." Es ist nicht sonderlich erstaunlich, dass alle auf ihr Herz zeigen. Niemand zeigt auf seinen Kopf. Denn das würde bedeuten: Ich bin dumm. Er würde auch nicht auf sein Bein zeigen oder woanders hin. Nein, er zeigt auf sein Herz. Das ist sein Zentrum! Vielen ist auch nicht bekannt, dass die elektromagnetische Ausstrahlung des Gehirns bei weitem nicht so stark ist, wie die des Herzens. Das Feld des Herzens ist sieben Mal (!) stärker und weitläufiger als das des Kopfes. Es ist wie das Magnetfeld der Erde. Es spannt sich vom Herzen aus um den gesamten Körper und ummantelt ihn, zusammen mit der "Aura" des Menschen. Das Feld des Herzens ist messbar sowie die Aura, die geistige Energie, die sich um den sichtbaren Körper zieht (s. "Kirlian-Fotographie"). Sie bilden eine Art kommunikatives Schutzschild. Wir spüren es im Verhältnis zu unseren Mitmenschen, denn es steuert das Abstandsverhalten. Fremden gegenüber erlauben wir nicht, in diese intime Sphäre dieses Feldes zu treten. Das empfinden wir als Angriff oder Eintritt in unsere Persönlichkeit. Manche, sehr sensitiv veranlagte Menschen, können, wenn sie Kontakt zu diesem Feld aufnehmen, seine Gedanken und Gefühle wahrnehmen und "lesen", weil es ein "Informationsfeld" ist.

Daran erkennt man, dass unser Gedächtnis, unsere Gefühle und Gedanken nicht allein im Kopf gespeichert sind. Der ganze Leib hat diese Information gebündelt im Herzfeld und verteilt um das ganze energetische Feld des Körpers. Deshalb sind existentielle Fragestellungen an die Kopfenergie (Vernunft) allein nicht ausreichend. Der Kopf und seine Vernunft können also nicht die Frage nach der Wahrheit unserer Existenz beantworten. Wie aber kann man dann Gewissheit bekommen?

Dazu bedürfen wir anderer Sinneswahrnehmungen, nämlich die des Herzens. Damit ist weniger der fleischliche Muskel gemeint, als vielmehr die Energie, also das Zentrum des "Ichs". Dort findet eine Art Bündelung der Energie der Seele statt. Die Seele selbst beantwortet uns die wichtigen Fragen des Lebens, denn sie ist als Geistkörper von ähnlicher Beschaffenheit wie der Geist des Universums. Dieser wiederum ist ähnlich dem Geist Gottes. Bei Fragen, die nur Gott beantworten kann, ist es also naheliegend, mit dem Teil von uns auf Suche zu gehen, der Gottes Geist und seiner Welt am ähnlichsten ist. "Fleisch und Blut können das Reich Gottes nicht ererben", schreibt der Apostel Paulus (1.Kor.15,50), "sondern der Geist Gottes gibt Zeugnis unserem Geist" (Röm.8,16). "Gott ist Geist und die ihn anbeten, müssen ihn im Geist und in der Wahrheit anbeten" (Joh.4,24).

Menschen, die in tiefem Gebet in den Geist versinken, finden eher irgendwann die Antworten auf ihre Fragen, als wenn sie mit ihrem Kopf darüber nachgrübeln. Das ist deshalb möglich, weil sie die Ebene des fleischlichen Körpers verlassen (der Welt entsagen) und sich auf die Ebene ihrer Seele einlassen. Bei Menschen, die durch das Schicksal dazu gezwungen wurden, ihren Leib zu verlassen (siehe NTE!), geschah das auf ähnliche Weise. Ohne Körper, wenn er klinisch tot ist, erlebt er also, dass er noch einen Geistkörper hat, der gemeinhin als Seele bezeichnet wird. Im ersten Fall, beim Gebet, kann der Mensch gleiches erleben. Auch hier sei man an Paulus erinnert, der sagte: "Ich sterbe täglich..." (1.Kor.15,31). Wahrscheinlich meint er den

Zustand, wenn er im Gebet versunken ist und mit Gott Gemeinschaft hat.

In Hospizen, wo Menschen im Sterben liegen, verlassen diese mehr und mehr das Energiefeld des fleischlichen Körpers und das Feld ihres Geistes tritt stärker hervor. Deshalb können Sterbende oft vor ihrem Ableben verstorbene Bekannte sehen oder Lichtwesen begegnen, die ihnen mitteilen, dass sie diese Welt verlassen müssen. Vielen Pflegern fällt dann auf, dass ihre Patienten genau wissen, wann sie sterben.

Bevor man das nicht selbst erfahren hat, ist es sehr schwierig, das zu glauben. Wir sind auf Erfahrungsberichte anderer angewiesen. Sehr skeptische Menschen haben große Probleme damit. Sie halten alles, was sie nicht selbst erleben oder sich vorstellen können, für fragwürdig, wenn nicht sogar für falsch. Deshalb ignorieren sie von vornherein alle Berichte, die außergewöhnlich sind, lesen darüber keine Bücher oder verurteilen sie sogar mit einem arrogant amüsierten Lächeln im Gesicht, das sagen will: Wie kann man nur so naiv sein, so einen Quatsch zu glauben? Dabei übersehen sie, dass sie es sind, die naiv sind, weil ihnen dieser besagte Sinn fehlt für die jenseitigen Wahrheiten. Man könnte glauben, ein Blinder macht sich lustig über Menschen, die vorgeben Farben zu sehen.

Es ist zu beobachten, dass in den letzten Jahren die Menschen immer empfänglicher für geistige Realitäten werden. Hat es mit dem sog. "Kali Yuga" zu tun, wovon andere Religionen sprechen, das nun zu Ende geht? Oder hat es mit der "Endzeit" zu tun, von der Johannes in der Offenbarung berichtet? Je mehr es werden, desto energetischer wird das "morphogenetische Feld", das uns umgibt und beeinflusst (s. oben). Bald werden nur noch ganz unsensible Menschen die Wahrheit des Geistes leugnen können. Manchmal scheint es, dass sogar Tiere eine sensiblere Antenne für geistige Wahrheiten haben, als jene hartgesottenen Materialisten. "Und es soll geschehen in den letzten Tagen, spricht Gott, will ich meinen Geist ausgießen über alles Fleisch, und eure Söhne und Töchter sollen weissagen, eure Ältesten sollen Träume haben und eure Jünglinge Gesichte haben", verheißt Gott im Alten Testament (Joel 2,28), und Lukas verweist darauf in der Apostelgeschichte des Neuen Testamentes (Apg.2,17). Diese Zeit ist nun angebrochen, so scheint es. Um die Wahrheit zu erfahren, muss man nicht mehr fragen: Wo steht das? Oder: Wer sagt das? Sondern man muss auf das geistige Feld hören, auf den Geist Gottes, der an unserem Geist Anteil hat. Das Herz, wir sagten es oben, ist jenes geistige Organ, das empfänglich ist für Gottes geistige Wahrheit, wenn es dieselbe "Frequenz" hat.

Die Menschen, die schon Erfahrungen mit der geistigen Welt gemacht haben, beschreiben es ähnlich. Sie sagen: Die geistige Welt ist nicht irgendwo, weit weg, sondern direkt bei uns, in uns, neben uns; so wie Radiosender parallel nebeneinander bestehen können, ohne sich zu stören oder zu berühren. In seltenen Fällen überschneiden sie sich. Bei Berichten über Menschen, die mitten im Leben stehen und plötzlich dem Leibe entrissen werden, indem sie einen Unfall- oder Operationstod erleiden, mag es anders sein als bei einem, der, durch sein Alter bedingt, stirbt. Von letzteren haben wir keine persönlichen Berichte, weil von ihnen niemand zurückkommt. Von ersteren schon.

Ihnen hat Gott erlaubt, einen Blick in die jenseitige Welt zu tun und zurück zu kommen. Und, so scheint mir, ausnahmslos haben alle danach ein anderes, erfüllteres Leben geführt als vorher. Sie verstehen nun, was Religion ist und glauben jetzt intensiver, bzw. *wissen* um Gottes Realität.

Oftmals wird gefragt, warum NTE in den meisten Fällen positiv verlaufen, obwohl manche doch vorher ein sündiges Leben geführt haben. Darauf lässt sich vielleicht antworten: Weil es Gottes Wille war, diesem speziellen Menschen gegenüber. Wenn Gott eingreift, dann nur, um etwas Positives zu bezwecken. Es gibt allerdings auch Menschen, die so wenig empfänglich sind für Gottes Liebe, dass Gott sie etwas anderes erleben lässt. Wir kennen vielleicht die Weihnachtsgeschichte von Charles Dickens von dem raffsüchtigen und unfreundlichen Geschäftsmann Ebenezer Scrooge, dem Poltergeister erscheinen und ihm zeigen, was er alles verkehrt gemacht hat. Nach diesem schrecklichen Erlebnis gelobt er ein besserer Mensch zu werden. Zwar ist das in dieser Geschichte Beschriebene keine Nahtoderfahrung, hat aber eine ähnliche Bedeutung. Hier fand eine Begegnung aus der Geisterwelt statt. Diese Geschichte ist keine reine Erfindung. Dickens lebte in einer Zeit, in der ein großes Interesse an Geistererscheinungen vorherrschte.

Spiritistische Zirkel entstanden, wo man sich von solchen Dingen erzählte oder wo man bewussten Kontakt zu Verstorbenen herbeiführte. Gar mancher Bericht vom Jenseits wurde durch Vermittlung durch ein Medium bekannt. Von ihnen weiß man, dass Verstorbene nicht immer das erleben, was im Nahtod geschieht. Anders ausgedrückt: Die Verstorbenen, die eine Ablehnende Haltung Gott gegenüber hatten oder sich nie mit diesem Thema beschäftigten, werden nicht in Gottes Reich abgeholt, sondern leben als unerlöste "Geister" in einem geistigen "Zwischenreich", quasi zwischen der materiellen Welt und der Welt Gottes. Die katholische Kirche nennt dieses Reich "Fegefeuer". Dieses hat nichts mit einem Feuer zu tun, wie der Name vermuten lässt. Es ist ein Aufenthaltsort für die unvollkommenen Menschen. So wie ein Feuer eine reinigende Eigenschaft hat - daher der Name - so sollen alle hier gereinigt werden, um in das reine Reich Gottes zu gelangen. Gutwillige werden über ihre Sünden, die sie zu Lebzeiten begangen haben, aufgeklärt, nicht ohne schmerzliche Reue und eigene Vorwürfe. Anderen, Uneinsichtigen, kann es passieren, dass ihre Reise nach "unten" führt oder dass sie im Zwischenreich für viele Jahre festsitzen, von wo sie dann als Geister, meist an den Orten erscheinen und umherwandern, wo sie gelebt haben oder ihr Tod stattgefunden hat.

Wann immer ein Medium mit der jenseitigen Welt Kontakt aufnimmt, muss es davon ausgehen, dass es mit solch einem Wesen spricht, das sich nicht in der Welt Gottes befindet. Manche von ihnen machen sich einen Spaß daraus, das Medium und seine Zuhörer in die Irre zu führen, indem sie sich zum Beispiel als berühmte Persönlichkeit oder als ein Heiliger oder gar als Engel ausgeben. Überhaupt, so die Meinung gläubiger Menschen aller Kirchen, soll man diese Kontakte meiden, da sie unheilvoll sein können. Immer wieder muss gewarnt werden: Diese Welt der untersten Stufe des Jenseits ist noch nicht Gottes Welt! Wie gesagt, halten sich die Angerufenen in einem Reich auf, wo der Kontakt und das Wissen über Gott nur Stückwerk ist oder gar nicht vorhanden ist. Sie können nur Unvollkommenes oder Gelogenes von sich geben. Denn sie haben kein Wissen über die höheren Existenzweisen der göttlichen Welt. Manches Medium ist schon reingefallen und meinte, göttliche Wahrheiten zu erhalten.

Jenseits ist nicht gleich Jenseits. Es gibt dort viele Wohnungen (Joh.14,2). Je nach Entwicklungsstand eines Wesens tun sich neue Welten im jenseitigen Reich auf, bis hinauf zu Gott. Deshalb sind auch spirituelle Erfahrungen nicht immer gleich. Immer muss man fragen: Von welchem geistigen Bereich wird man inspiriert und beeinflusst.

Viele Menschen denken, dass es nach dem Tod nur den Himmel gäbe. Aber das stimmt nicht. Es gibt unzählige geistige Welten. Und jedes irdische Verhalten zieht geistige Welten an oder stößt sie ab und bestimmt unseren Platz im Jenseits. Die Bhagavad Gita, die "indische Bibel", drückt das so aus: Der Gott, der zu Lebzeiten verehrt wird, der ist es, zu dem wir nach dem Tod gelangen.

Mit "Gott" kann alles gemeint sein; alles, was wir verehren, bestimmt uns. Das bezeugte schon Martin Luther in seinem "Großen Katechismus" in der Erklärung zum 1. Gebot: "Worauf du nun dein Herz hängst und verlässt, das ist eigentlich Gott". Deshalb ist es wichtig, schon zu Lebzeiten ein gottgefälliges oder wohlwollendes Leben zu führen, denn unsere Entwicklung hier auf Erden entscheidet über das Leben nach dem Tod. In der asiatischen Terminologie wird das Karma genannt, im Alten Testament der Bibel nennt man es "Tun-Ergehen-Zusammenhang". Damit ist gemeint, dass es ein natürliches Lebensgesetz gibt, das uns bestimmt. Ein Gesetz ist absolut und man kann ihm nicht entkommen. In allen Religionen gibt es diesen Gedanken.

In der christlichen Religion gibt es aber darüber hinaus noch ein anderes Verständnis. Hier wird sehr viel Wert auf den Begriff "Gnade" gelegt. Man versteht darunter, dass Gott über dem Gesetz steht und dass ein Mensch, der Gott verehrt und der Opferung Jesu am Kreuz vertraut, frei von der Versklavung des Gesetzes ist. Paulus, der Apostel Jesu Christi, schreibt im Römerbrief: "Ihr steht nicht unter dem Gesetz, sondern unter der Gnade" (Röm.6,14).

Also: Wenn ein Mensch, bedingt durch sein Karmagesetz, ein schlechtes jenseitiges Leben befürchtet, dann kann er sich hilfesuchend an Gott wenden und sich auf die Tat Jesu Christi (seine Opferung am Kreuz) berufen, um durch Gnade und Sündenreue ein neues Leben zu erhalten. Beim Gott der Christen (der natürlich der Gott aller ist), gibt es Vergebung und Tilgung der Schuld (=schlechtes Karma). Durch ein ernstgemeintes Gebet kann also unser selbstverursachtes Schicksal abgewendet werden.

Das Jenseits hat viele "Wohnungen", damit sind verschiedene Entwicklungsmöglichkeiten gemeint. Es wird also sicher nicht so sein, wie in dem satirischen Trickfilm über den bayrischen Alois, der in den Himmel kommt und nun auf einer Wolke sitzend eine Harfe zupft und gelangweilt, missmutig und grantig "luja" singt. Solch ein Ort ist sicher nicht als Himmel zu bezeichnen. Jesus spricht von der "Königsherrschaft Gottes", wenn er von Himmel spricht. Im deutschen Sprachraum kennt man nur einen Begriff von Himmel, im Englischen wird zumindest zwischen "heaven" und "skay" unterschieden. Der erste Begriff bezeichnet die geistige Welt. Viele deutsche Übersetzungen sprechen nur vom Singular, aber im biblischen Urtext ist der Gebrauch des Wortes Himmel in den Plural gesetzt. Es heißt also "Reich *der* Himmel". Wie es dort aussieht, kann wohl niemand genau sagen, denn von dort ist ja bekanntlich noch niemand zurückgekommen. Oder doch? Nun ja, Jesus Christus auf jeden Fall, nach seinem Kreuzestod. Aber auch schon vor seiner Geburt soll er bei Gott gelebt haben. Er sagt von sich: "Bevor Abraham geboren wurde, war ich" (Joh.8,58). Jesus war ein "Herabgekommener", wie im indischen Kontext solch einer als "Avatar" bezeichnet wird. Das Neue Testament nennt ihn nicht so, sondern "Sohn Gottes". Das Johannes Evangelium schreibt gleich zu Beginn: "Am Anfang war das Wort und das Wort war bei Gott....und wir sahen seine Herrlichkeit, eine Herrlichkeit als des eingeborenen Sohnes vom Vater...". Jesus kam also von Gott und wusste also Bescheid über das geistige Reich.

Wir wollen festhalten: Wir Menschen können nur begrenzte Erfahrungen mit diesem geistigen Reich machen. In der Nahtoderfahrung sind wesentlich weitere Informationen über das Jenseits möglich. Zum Beispiel in der Begegnung mit "erdgebundenen Seelen" (Geister), aber auch über "Göttliche Wesen" (Engel), die in himmelsnahen Bereichen leben. Eine Nahtoderfahrung kann aber nie in Bereiche vordringen, die zum unmittelbaren Himmel Gottes gehören, von wo es keine Wiederkehr in das leibliche Leben mehr gibt. Von dort können nur noch Engel oder Heilige, die einen besonderen Auftrag dafür haben, zu den

Menschen herab kommen. Da es auch bei ihnen geistige Abstufungen gibt, ist ihr Wissen über Gott ebenfalls nur begrenzt, denn sie sind nicht Gott selbst. Deshalb kann es auch sein, dass dem Propheten Mohammed der Engel, der ihm erscheint, einen anderen Aspekt der göttlichen "Wahrheit" aufzeigt als andere Engel; nämlich den, den dieser Engel für wahr hält oder den, den Mohammed erfassen kann.

Ebenfalls festzuhalten ist: Das Jenseits, nur weil es geistig ist, ist nicht deswegen "höher" stehend, als wir. Denn auch im Jenseits gibt es gottabgewandte Geister oder Engel. Deshalb ist Vorsicht geboten. Viele esoterisch veranlagte Menschen rufen sie herbei, ohne von den Gefahren zu wissen. In der Bibel steht, dass es viele Lügengeister gibt, die sich als Lichtwesen ausgeben und die Menschen verführen (vgl. 1.Joh.4,1-4). Sie sind sehr mächtig, können sehr verführerisch sein und ziehen Leichtgläubige in ihren Bann. Sie versprechen Macht, Reichtum und Wissen. Bis man ihnen auf die Schliche kommt, ist man schon ihr Gefangener und es ist sehr schwer, von ihnen loszukommen. Mit eigener Kraft ist das unmöglich, nur durch die Kraft Gottes kann das gelingen, meist nicht, ohne einen hohen Preis dafür zu zahlen.

Wie aber kann man wissen, welches Geistwesen uns beeinflusst? Und wie kann man geschützt sein? Grundsätzlich muss gesagt werden: Lass die Finger von diesen "Experimenten". Das ist der beste Schutz. Ansonsten gilt: "An ihren Früchten kann man sie erkennen" (Mt. 7,16).

Wer ihnen ungewollt begegnet, kann an seinem Gefühl oder Intuition feststellen, wes Geistes Kind sie sind. Ist es ein göttliches Wesen, wird man ermutigt sein, Gott und Jesus Christus zu preisen. Vgl. 1.Joh,4.1u.2: "Ihr Lieben, glaubt nicht einem jeden Geist, sondern prüft die Geister, ob sie von Gott sind. Daran erkennt ihr den Geist Gottes: Ein jeder Geist, der bekennt, dass Jesus im Fleisch gekommen ist, der ist von Gott. Und ein jeder Geist, der Jesus nicht bekennt, ist nicht von Gott". Passiert das alles nicht und du hast stattdessen "dunkle" Gefühle, z.B. indem du zitterst und Kälte fühlst, weißt du, dass es kein Engel Gottes ist. Rufe sofort nach Gott und Jesus, dann wird diese Kraft weichen, denn sie verträgt Gottes Gegenwart nicht.

Zurück zum Thema Nahtoderfahrung! Wer aus solcher zurück ins fleischliche Leben kommt, hat fast nur positive Gefühle, trotz der Schmerzen, die ihm sein Körper bereitet, denn er ist Gott (mehr oder weniger) begegnet. Das ist ein Beleg dafür, dass das Erlebte mit Gott zu tun gehabt hat. (Mancher Christ hat Probleme mit diesem Thema und glaubt, dass diese Erlebnisse nicht von Gott sind, es erscheint ihnen zu "mysteriös").

Denn fast ausnahmslos leben diese Menschen nun ein Gott zugewandtes und religiöses Leben. Sie haben einen neuen Sinn und Ausrichtung bekommen. Und sie haben die Angst vor dem Tod verloren und freuen sich auf Gottes Reich.

Theologisch ist zu vermerken: Auch eine NTE (Nahtoderfahrung) kann nicht vollständig sein. Sie kann sehr wertvolle Anregungen und Denkanstöße geben und den christlichen Glauben stärken und beleben. Sie kann die Theologie beflügeln und uns helfen, viel über die göttliche Welt zu erfahren. Zugleich muss man sich aber klar machen, dass sie nur schwer vermittelbar ist, an jemanden, der diese Erfahrung nicht gemacht hat. Auch wird bei einer NTE die allerletzte Frage des Lebens nicht beantwortet, die Gott selbst uns nur geben kann, wenn wir endgültig bei Ihm sein werden. Allein schon deswegen, weil Seine Wahrheit von anderer Qualität ist als unsere, weil sich bei IHM ganz andere Dimensionen auftun. Bis dahin müssen wir uns klar machen, dass unser Wissen über Gottes Reich immer nur Stückwerk bleiben wird. Wir können aber und dürfen "Gott denken" (nichts anderes heißt Theologie). Wir können und dürfen sicher sein, dass es Gottes Reich gibt. Denn davon gibt es einfach zu viele Erlebnisberichte. Wir brauchen diesbezüglich keinen Zweifel haben! Unser Glaube, selbst wenn er so heißt, ist kein blinder Glaube. Er hat eine solide Grundlage!

Kapitel 8
Heilung, Heil, Heiligkeit

a) Heilung und Gesundheit

Wie die Nahtoderlebnisse und Jenseitsberichte belegen, gibt es mehrere Dimensionen des Lebens. Also nicht nur das sichtbare und materielle Leben, sondern auch einen geistigen Bereich, besser gesagt: mehrere geistige Bereiche. Das materielle Leben ist nur ein Teilbereich des umfassenden Seins. Materie in der Begrenzung von Raum und Zeit ist nur der feste Ausdruck einer geistigen Wirklichkeit, sozusagen die feste Schale eines geistigen Kerns (s. oben, Kapitel 4). Bei der Frage nach Gesundheit und Wohlbefinden und bei einer Heilung muss man also den *ganzen* Menschen einbeziehen. So gibt es bei allen Krankheiten, seien sie seelischer oder körperlicher Natur einen geistigen Hintergrund. Dieser beinhaltet eine *persönliche* Komponente, wie eigene Probleme mit sich selbst, ebenso auch eine *gesellschaftliche*, wie Auseinandersetzungen mit den Menschen, mit denen wir uns umgeben, und auch einen *geistigen* Bereich, der in einer spirituellen Ebene begründet ist.

Die westliche Medizin, die primär materialistisch ausgerichtet ist, hat mittlerweile auch erkennen müssen, dass körperliche Probleme oder Krankheiten oft auch seelisch verursacht sind. Man spricht dann von Psychosomatik. Oft, wenn ein körperliches Leiden vom Schulmediziner nicht geheilt werden kann, wird das Problem gerne auf die Seele geschoben. Dann wird ein Psychologe zu Rate gezogen. Wenn ein Patient dort austherapiert ist und die Krankheit immer noch da ist, weiß man oft nicht mehr weiter. Dann gilt man als unheilbar. Manchmal liegt der Grund einer Erkrankung in einem Bereich, der von der Schulmedizin (noch) nicht anerkannt ist, nämlich in einer spirituellen Wirklichkeit.

Wir wollen uns dieser Wirklichkeit nähern, indem wir zuerst fragen: Was ist Leben überhaupt und wie ist es strukturiert?

In der Biologie hat man erkannt, dass das Leben selbstorganisierend ist. In dem "Ursuppenexperiment" von Stanley L. Miller von 1951 wurde festgestellt, dass in einer energiereichen Atmosphäre aus Gasen und Wasserdampf organische Verbindungen, u.a. Aminosäuren, entstehen, die sich zu komplexen Molekülen organisieren (aus: Zeit Online vom 15.4.2015). Wie daraus etwas Lebendiges wird, kann man bis heute unter materialistischen Denkvoraussetzungen nicht erklären. Immernoch werden Begriffe in der Wissenschaft benutzt wie "Zufall" oder "Zwischenfall". Das Bindeglied ist noch nicht gefunden, bei dem aus "toter" Materie Leben entsteht. Man weiß nur, dass die elementaren biologischen Bausteine sich selbst organisieren, so als ob sie einem geheimen Plan folgen, der sie veranlasst, sich zu einem lebendigen Etwas zu entwickeln.

Man darf daraus folgern, dass es eine Idee (wie es Platon formuliert hat) oder eine zugrunde liegende geistige Ordnung gibt, die alles steuert. Weil man in der traditionellen Wissenschaft aber aus Prinzip nicht mit einem Geist rechnen möchte, erstens, weil man diesen nicht wissenschaftlich überprüfen und messen kann und zweitens, weil man noch dem Denkschema anhaftet, dass Geist aus der Materie entstanden sei (und nicht umgekehrt), wird man weiterhin zu keinem Ergebnis kommen.

Namhafte Quantenphysiker, unter vielen anderen, wie Werner Heisenberg, Hans Peter Dürr oder Michael König bestätigen wissenschaftlich, dass Materie nicht ursächlich ist, sondern der Geist. Sie nehmen somit Bezug auf die uralten philosophischen Lehren, die alle auf eine sinnvolle geistige Ordnung hinweisen. So sind die kleinsten Atome genauso wie die großen Planeten und Sterne sinnvoll zueinander hin geordnet. Wie im Kleinen, so im Großen, wie innen, so außen, wie oben, so unten, das stand schon im "Hermeticon", das frühchristliche Denker beeinflusst hatte. Das ganze Leben steht unter einer geistigen Ordnung. Es gibt einen Bauplan des Lebens, der sich selbständig entfaltet und organisiert.

Wem die quantenwissenschaftlichen Experimente, wie oben beschrieben, nicht viel sagen, der schaue sich nur mal in der ihn umgebenden Umwelt um. Nehmen wir das Beispiel Seifenblase. Sie gestaltet sich von allein immer rund. Es gibt keine eckigen Seifenblasen. Ebenso sind alle Planeten und Sonnen rund - es gibt keine anderen. So ist alles geordnet. Alles im Universum ist rund, das Leben an sich ist rund. Wie oben die Planeten, so unten die Atome.

Eine Kugel - oder im zweidimensionalen Bereich ein Kreis - ist das Symbol schlechthinniger Harmonie und Ordnung. Der Grund von allem ist rund und Leben ist im ungestörten Zustand also Harmonie.

Wie in obigen Kapiteln schon gezeigt, sind auch alle Bewegungen im Universum harmonisch und sinnvoll geordnet. Die kosmischen Sphären der Planetenbewegungen belegen das sehr deutlich; bilden sie doch, wenn man ihren Bewegungen folgt, wunderschöne, sinnvolle kreisförmige mandalaähnliche Bilder (siehe Kap. 5, S. 62f).

Jeder, der schon einmal Mandalas ausgemalt hat, weiß von der meditativen inneren Ruhe, die dabei entsteht. Der Grund liegt darin begründet, dass man sich der Harmonie des Kosmos aussetzt und an ihr teilhat.

Das Leben ist also auf Ordnung hin angelegt. Ihr Ursprung war Ordnung und ihr Verlangen ist immer, diesen Zustand wieder herzustellen. Alles, was lebt - sofern es nicht gestört wird - organisiert sich selbst zur Ordnung und Harmonie hin.

Jeder hat das schon erlebt und jeder erlebt es täglich, aber es ist ihm nicht immer bewusst. Wer sich zum Beispiel in den Finger schneidet, der sieht, dass es blutet, weh tut und ein Riss im Finger ist. Was kann man in der Regel tun? Nicht viel! Man benötigt nur ein Pflaster, um die Wunde zu schonen, und überlässt der Haut die Heilung, die - welch ein Wunder! - sich von allein heilt und in ihren ordnungsgemäßen Zustand gelangt. Alles im Körper ist darauf angelegt, sich selbst zu regenerieren. Alle Moleküle im Körper, alle natürlichen Bakterien und Säuren arbeiten Hand in Hand nach einem übergeordneten Plan.

Das Gleiche geschieht auch auf unserem Planeten. Unsere Erde heilt und regeneriert sich von selbst, wenn man sie teilweise zerstört hat durch Städtebau oder Ähnlichem. Nach einigen hundert Jahren (wenn diese Städte verlassen werden) ist diese Zerstörung zuerst überwuchert und später in ihre Einzelteile zerfallen. (Atomkraft bildet hier leider eine unrühmliche Ausnahme. Sie braucht viele tausende Jahre, um wieder neutralisiert zu werden).

Gesundheit - betrachtet man sie als einen Aspekt der kosmischen Harmonie - ist also das natürliche Fundament des Menschen. Alles reorganisiert sich auf die zugrunde liegende, harmonische und heile Ordnung hin. Ordnung und Gesundheit sind synonyme Begriffe und ein natürlicher Zustand! Der Kosmos und der Mensch - als Teil von ihm - haben ein inneres Bestreben nach Heil und Gesundheit.

Als Gott die Welt erschuf, so steht es in der Heiligen Schrift geschrieben, war sie vollkommen in Ordnung, gut und gesund. "Und Gott sah an alles, was er gemacht hat, und siehe, es war sehr gut", 1.Mos.1,31.

Gott hat eine vollkommene Welt erschaffen. Die Frage, warum heute so viel Chaos und Krankheit in der Welt herrscht, soll uns gleich noch beschäftigen. Vorläufig ist festzuhalten: Harmonie und Gesundheit sind der natürliche Zustand von allem. Und alles ist bestrebt, von allein wieder heil zu werden, wenn man es lässt.

Die Frage ist nun: Warum gibt es Krankheit? Die Antwort ergibt sich aus oben genannten Beschreibungen. Wie beim Beispiel mit dem verletzten Finger, geschah eine Störung der Ordnung. Die Harmonie der Haut wurde unterbrochen. Leid, Krankheit, Schmerz, Verwundung ist immer eine Störung der Ordnung und Harmonie. In der Regel funktioniert die Selbstregulation und Selbstheilung reibungslos. Denn alles im Körper ist darauf "programmiert". Alle Moleküle und körpereigenen Bakterien arbeiten zusammen nach einem ihnen eingegebenen Plan. Sie arbeiten Hand in Hand als wüssten sie, was zu tun ist. Im Falle einer Krankheit, eines Schmerzes, Entzündung, Wucherung, etc. ist diese selbstregulierende Ordnung gestört. Es entsteht Disharmonie.

Eine Heilung ist somit im Umkehrschluss die Wiederherstellung von Ordnung und Harmonie (nur nebenbei bemerkt: auch in der Politik gilt das!). Eine Störung dieser kann sich unendlich vielfältig im *Körper* äußern. Es kann wie im o.g. Beispiel eine Verletzung von außen sein, es kann eine Vergiftung von innen sein, eine Überdehnung der Muskeln, Sehnen, Nerven; der Kreislauf kann gestört sein usw..

Durch den *seelischen Bereich* verursacht, wie etwa Stress, Überlastung, ungelöste Probleme oder Traumata, können körperliche Störungen auftreten (psychosomatisch), aber auch direkte seelische Reaktionen wie Depression, Angststörung oder Psychosen.

Wenn keine Krankheitsursachen in beiden Bereichen zu finden sind, können auch *geistige, bzw. spirituelle Ursachen* vorliegen.

Der Bewusstseinsforscher Stanislav Grof spricht von "Spirituellen Krisen". Spirituelle Ursachen gehen tiefer als psychische, können sich aber teilweise auch überlappen. In der klassischen Psychologie schaut man bei einer seelischen Störung auf das persönliche und das kollektive Unbewusste, (siehe: S.Freud und C.G.Jung). Stanislav Grof weiß auch von diesen, verortet sie aber *nicht nur* im gegenwärtigen Bereich, sondern geht darüber soweit hinaus, zu sagen, dass verborgene Ursachen auch vor der Geburt liegen können, so zum Beispiel in der embryonalen Phase aber auch im Leben vor dem Eintritt in den Mutterleib, also in einem spirituellen Bereich.

Andere Seelenforscher, wie z.B. Rudolf Passian (Der Engelreigen), verweisen auf noch weitere spirituelle Ursachen von Krankheiten. Er ist der Meinung, dass Wesen aus einem anders dimensionierten geistigen Bereich Einfluss nehmen können. Das sind Verstorbene, oft als Geister bezeichnet und es sind Wesen aus noch tieferen Dimensionen, im Volksmund spricht man von gefallenen Engeln. Uns umgeben natürlich auch gute Engelwesen, diese verursachen aber keine Krankheiten, sondern im Gegenteil, sie helfen uns gesund zu werden.

Zusammengefasst können wir also feststellen, dass eine Krankheit eine gestörte Harmonie ist, die von persönlichen, umweltlichen, psychischen und geistigen Bereichen herrühren können.

b) Heil und Sündenvergebung

Was kann aber passiert sein, dass diese Bereiche unsere Harmonie gestört haben und uns krank gemacht haben? Hier spricht die christliche Religion von Sünde. Es ist ein Begriff, der höchst unmodern geworden ist. Trotzdem enthält er einen Wahrheitskern. Sünde bezeichnet nämlich ein Fehlverhalten gegenüber lebenden Wesen, wie z.B. Menschen, Tieren, Pflanzen und Umwelt und dadurch ist Disharmonie entstanden. Der Begriff hat aber auch eine geistige Ebene. Dann spricht man von einem Fehlverhalten gegenüber Gott und seiner Welt. Wer weltlichen Wesen Leid zufügt und somit Gottes Gebote übertritt, der begeht Sünde, aber auch, wer Gott direkt beschimpft und lästert und ihn somit bewusst ablehnt.

Egal, ob man das Wort Sünde ablehnt oder nicht, im Sterbeprozess, wenn der "Lebensfilm" und seine Erinnerung an alle Taten, die begangen wurden, abläuft, wird dem Individuum bewusst, dass es in vielen Bereichen falsch gehandelt hat. Und das wird ihm seelische Qualen verursachen.

Aber zurück zum Verständnis von Krankheit in dem jetzigen Leben!

Alle Religionen sprechen davon, dass ein Vergehen gegen die göttliche Ordnung zu Leid führt. Egal, ob man es als Sünde oder Karma bezeichnet oder ein anderes Wort gebraucht, alle sind sich darin einig. Es gibt eine Konsequenz, ein Resultat bei einer schlechten Tat.

Oft, wenn ein Kranker zu Jesus kam und ihn um Heilung bat, sprach der Herr als erstes, bevor er heilte: "Dir sind deine Sünden vergeben!" (z.B. Mt. 9,2). Das bedeutet: Die Ursachen der Krankheit wurden beseitigt, nämlich die böse Tat, das Leid hervorrufende Verhalten, die schlechten Gedanken, etc..

Diese müssen manchmal noch nicht einmal von uns selbst begangen worden sein. Sie können auch von unseren Eltern oder Großeltern oder noch weiteren Generationen herrühren. Sicher, wir werden sofort antworten: Was kann ich dafür, was meine Vorfahren getrieben haben? Die transpersonale psychologische Aufarbeitung (siehe: S. Grof) in einem Heilungsprozess bringt aber genau das zutage. Es ist einfach eine seelische Tatsache, ob uns das gefällt oder nicht.

So spricht man heute in der Psychologie von Traumata der Nachkriegsgeneration. Man stellt zunehmend fest, dass die Kriegserlebnisse unserer Eltern und Großeltern durchaus in unserer Generation in der Seele oder in der DNA manifestiert sind. Im biblischen Alten Testament steht sinngemäß geschrieben: "Die Sünden der Väter gehen bis ins dritte und vierte Glied der Nachkommen" (nach 2.Mos. 20,5).

Sünde ist demnach ein Fehlverhalten von uns selbst oder anderen, das die kosmische Ordnung Gottes und seine Harmonie gestört hat. Durch diese ist Chaos entstanden. Die Wellen, die durch einen in ruhiges Gewässer hineingeworfenen Stein entstanden sind, können kurz oder weitreichend sein. Im kosmischen Bereich können diese Wellen Generationen übergreifend sein. Betroffen sind einzelne Personen wie auch ganze Völker. Das Trauma der Kriegszeit kann besonders gut in Deutschland beobachtet werden. Noch heute, über siebzig Jahre später, reagieren Politiker auf bestimmte Reizworte der NS-Zeit psychopathisch auffallend mit Abwehrreaktionen, Berührungsängsten, sowie Sprach- Darstellungs- und Denkverboten.

Es gibt, laut Bibel, noch weiter zurückliegende Vergehen, die heute eine Rolle spielen. In der christlichen Terminologie spricht man von "Erbsünde". Damit ist eine Tat unserer Vorfahren gemeint, die weitreichende Folgen bis heute hat. Jeder kennt die Geschichte von Adam und Eva. Natürlich ist diese, so wie sie berichtet wird, ein Mythos. Aber sie kann durchaus einen wahren Kern enthalten. Viele empfindende Menschen erleben dieses weltliche Dasein nicht als vollkommen. Es kann durchaus sein, dass in unvorstellbar langer Zeit vor uns eine vollkommenere

Welt existiert hat, Paradies genannt, aus der wir, wie der Sündenfall berichtet, hinausgeworfen wurden, deren Folgen wir heute noch spüren. Wie oben berichtet (Kap. 5), ist diese Störung wahrscheinlich in einem geistigen Bereich geschehen, bevor die Existenz (existere = hervortreten) der Menschheit auf dem materiellen Planeten entstanden ist. Der Sinn aller Religionen besteht darin, zu diesem göttlichen Reich zurück zu gelangen. Wir sollen also wieder "gesund" werden. Die *spirituelle Gesundung* steht im Vordergrund. Wenn es für sie heilsam ist, kann durchaus ein Leid in dieser Welt zum Heil in der göttlichen Welt beitragen. Das ist der Grund, weshalb es auch unheilbare Krankheiten geben kann, die trotzdem gut und sinnvoll für den Menschen sein können, weil sie zur Ordnung im umfassenden Sinn beitragen. Oft ist es nämlich so, dass Menschen erst durch eine starke Leiderfahrung den wahren Sinn des Lebens erkennen können, während sie vorher in oberflächlichem sinnlosen Dahintreiben gelebt haben.

Während man hier (in der materiellen Welt) von Gesundheit spricht, redet man dort (in der göttlichen Welt) von Heil. *Gesundheit und Glück* sind Auswirkungen der Ordnung in unserer Welt, das *Heil* ist ein Resultat der Ordnung in der geistigen Welt. Heil ist somit eine Wiederherstellung des ursprünglichen, gottgewollten Seins und Wiedereingliederung in den Lichtbereich Gottes, eines Bereiches der Vollkommenheit.

Jesus sagt in der Bergpredigt: "Ihr sollt vollkommen sein, wie euer Vater im Himmel vollkommen ist" (Mt. 5,48). Vollkommenheit ist Gesundheit, also kein moralischer Begriff! "Ihr sollt gesund sein" - das will

Jesus uns sagen. Er will, dass es uns gut geht. Hier auf Erden will er unsere Gesundheit und dort im "Himmel" will er unser Heil. Und beides begegnet uns hier. Schließlich hat er ja auch gesagt: "Das Reich Gottes ist mitten unter euch" (Lk.17,21). Martin Luther tat sich schwer mit der Vorstellung der Vollkommenheit. Er war der Meinung, der Mensch könne nicht vollkommen sein in dieser Welt. Er bleibt immer ein Sünder, also immer unvollkommen. Er konnte durchaus anerkennen, dass der Mensch schon zum Heil, also dem Reich Gottes, angehört, aber zu Lebzeiten bleibt er immer unvollkommen, er nannte es "simul iustus et peccator" (zugleich gerecht und Sünder). Sein negatives Urteil gegen die "Vollkommenheit", von der Jesus spricht, lag in seiner Deutung dieses Begriffes als moralische Anforderung. Schließlich sagte auch Paulus im Römerbrief des Neuen Testamentes: "Sie sind allzumal Sünder und mangeln des Ruhmes, den sie bei Gott haben sollten" (Röm.3,23). Luther sah aber nicht, dass damit die Gesundheit im umfassenden Sinne gemeint ist, sondern sah darin Gesetzlichkeit oder Moralismus. Genau diese Begriffe haben Martin Luther zu dem ablehnenden Gesetzesverständnisses geführt, das sich in den Geboten des Alten Testamentes und den o.g. Forderungen Jesu ausdrückte.

Die katholische Kirche sah das anders. Sie war immer der Meinung, dass man ein heiliges, vollkommenes Leben führen könne, wenn man nur wolle oder besser: Wenn man dazu von Gott berufen wurde. Das konnten Privatpersonen sein oder Ordensleute. Für letztere, die sich explizit Gott geweiht hatten, galt in besonderem Maße das Gebot der Vollkommenheit, das sich in drei

Gelübden ausdrückte: Keuschheit, Armut und Gehorsam. "Willst du vollkommen sein, dann verkaufe alles, was ihr habt und gib es den Armen, so wirst du einen Schatz im Himmel haben. Und dann komm und folge mir nach" (Mt. 19,21), sagte Jesus zu einem reichen jungen Mann. Diesem Ideal wollten die Ordensleute seit jeher folgen. Meistens verstand man darin auch Moralismus und Gesetzestreue. Nur wenige verstanden aber, dass Gesundheit und Moral eine Einheit ist. Beide Begriffe bleiben aber unverständlich, ohne dass man einen weiteren Begriff hinzufügt - nämlich den der "Heiligkeit".

c) Heiligkeit und Reinheit

Was heißt Heiligkeit? Das Wort ist abgeleitet von dem Adjektiv "heilig" oder dem Nomen "das Heilige". Bevor wir uns der Begriffsklärung zuwenden, scheint mir wichtig, sich von der Vorstellung abzuwenden, die der evangelische Religionswissenschaftler Rudolf Otto in seinem Buch "Das Heilige" entworfen hat. In Ermangelung eines modernen christlichen Verständnisses wird heute gerne auf sein Buch verwiesen. Otto nennt das Heilige "das Numinose". Ausgehend von Untersuchungen *aller* Religionen kommt er zu diesem Begriff.

Das Numinose ist für ihn der Sammelbegriff aller überweltlichen Gotteserfahrungen, besser gesagt: Jenseitserfahrungen. Er trennt dabei aber nicht zwischen Gott und anderen geistigen Wesenheiten. Für ihn gilt alles als heilig, was irrational und mystisch ist und das kann durchaus auch bedrohlich oder unheilvoll sein. Er hat zwar insofern recht, als er den Begriff einem Gott zuordnet; so ist durchaus richtig, dass heilig nur jemand oder etwas ist, dass zu einem Gott gehört, aber es ist meines Erachtens enorm wichtig zu unterscheiden, zu *welchem* Gott!

Eine Bindung oder ein Gelöbnis zu irgend einer Gottheit wird dementsprechend jedes Mal anders sein, je nach "Charakter" des jeweilig verehrten Gottes.

Will man den Begriff "Heiligkeit" im christlichen Sinne verstehen, so muss man ihn von den Postulaten *dieses* Gottes her definieren.

Welchen "Charakter" hat der Christengott? Mir scheint müßig zu sein, eine philosophische Abhandlung darüber zu unternehmen, ob Gott überhaupt einen solchen im menschlich verstandenen Sinne haben kann. Natürlich, soviel dürfen wir sagen, kann Gott nicht mit unseren Kategorien beschrieben werden. Er ist immer der "Ganz Andere" (nach dem Theologen Karl Barth). Das müssen wir uns immer vor Augen halten. Aber Gott wird eben auf bestimmte Weise von den Menschen erfahren und daran kann man sich orientieren.

Im Neuen Testament der Bibel wird Gott beschrieben als "Liebe" (1. Joh. 4,16), als "Licht" (1. Joh. 1,5), oder strahlende "Herrlichkeit" (2. Kor. 4,6). Es gibt unzählig viele Be- oder Umschreibungen in der Heiligen Schrift für Gott. Da sich Liebe, Licht und Herrlichkeit aber mit den Nahtoderfahrungen und Jenseitsbeschreibungen decken, ist es ratsam, sich diesen in besonderem Maße zuzuwenden.

Heiligkeit ist eine göttliche Qualität. Sie ist also völlig losgelöst von menschlichen Kategorien, wie Moral und

Gesetzesbefolgung. Ein Heiliger oder eine Heilige sind also nicht ohne Sünde und Fehler. Sie werden nicht heilig, weil sie fehlerlos sind - sondern weil sie Gott gehören! Wer sein Leben Gott geweiht, bzw. übergeben hat, der ist ein Heiliger. Denn heilig ist nach der Bibel nur einer und das ist Gott. Und nur das kann heilig sein, was IHM gehört. Nur das Seine kann von Gott heilig sein.

Wie äußert sich nun aber Heiligkeit? Ist sie nur ein theoretischer Begriff oder ist sie erfahrbar? Während "Heil" ein Zustand bei Gott im Himmel und das Gerettetsein bezeichnet, so ist "Heiligkeit" ein Zustand der Gottesnähe auch hier auf Erden. Ohne sie erfahren zu haben, ist es sicherlich schwierig, dieses Erlebnis zu beschreiben. Da sie kein Begriff der Ratio ist, kann man sie nur im "Herzen" vernehmen, anders ausgedrückt: Sie ist eine Sache der Erfahrung, so wie Liebe eine solche ist. Ich scheue mich zu sagen, sie sei eine Sache des Gefühls, weil dieser Begriff nicht tief genug das Ereignis beschreibt.

Nun gut, wo finden wir Heiligkeit? Wo ist der Ort ihrer Entstehung? Ich persönlich finde sie in einer Kirche. Nicht in jeder. Dort, wo sich wirklich gläubige Menschen treffen, dort übernimmt der Kirchraum diese Atmosphäre. Dort, wo gläubig gebetet wird, dort atmet der Raum die Heiligkeit Gottes. Vielleicht muss man dafür empfänglich sein, um es zu spüren. Aber auch Menschen, die nie in die Kirche gehen und sich doch einmal darin "verirren", merken, wie sie ruhiger werden und tiefer durchatmen können und die Welt draußen für ein paar Minuten hinter sich lassen können. Ein wirklich heiliger Ort verbindet uns mit einer Welt, die nicht von hier ist.

Der Kirchraum kann absolut schlicht sein, wenn darin ernsthaft gebetet und Gott gepriesen wird, kann man dort Heiligkeit finden. Aber auch ein reichlich geschmückter Altar mit Gold und Prunk ist nicht davon ausgenommen, wenn dort Gott angerufen wird mit Glauben. Ja, er kann sogar eine noch stärkere Wirkung haben, wenn die Schnitzereien, Bilder und der gesamte Aufbau die Herrlichkeit Gottes und seines Reiches widerspiegeln.

Die Architektur der Kirchräume früherer Zeiten wollte genau das ausdrücken. Seit den Zeiten des Alten Testamentes finden wir das. Ein Tempel war stets dreigeteilt in den Bereich der Gläubigen, den Bereich der Priester und weit im Hintergrund des Raumes der verborgene Bereich Gottes. Dieser grobe Aufbau ist auch heute noch in den östlichen, sogenannten orthodoxen Kirchen zu finden. In alten katholischen und evangelischen Kirchen ist diese Aufteilung auch enthalten: Kirchenbänke, die Apsis für die Priester oder Pastoren und ganz hinten im Kirchenschiff der Altar im heiligsten Bereich. In neueren Kirchen ist davon manchmal nichts zu finden. Stuhlreihen sind dort z.B. nicht auf den Altar sondern auf die Menschen gerichtet. Hier wird klar, dass der Mensch sich selbst in den Mittelpunkt gestellt hat. Damit soll aber nicht gesagt werden, dass Gott nicht auch dort seinen Segen geben kann, besonders, wenn die Menschen ihre Gebete ernsthaft vortragen.

Neben dem architektonischen Aufbau eines Kirchraumes, wollen auch andere Gegenstände das Reich Gottes darstellen. Wir erinnern uns an die drei oben genannten "Eigenschaften" Gottes: Licht, Liebe, Herrlichkeit.

Genau diese werden in besonderer Weise in den Altären, zumeist den katholischen, deutlich: Die Farbe Gold (soweit man sie als Farbe bezeichnen kann) versinnbildlicht die Herrlichkeit und Reinheit Gottes. Jeder Chemiker weiß, dass Gold ein reines Edelmetall ist. Ebenso das reine Linnen (Leinen), auf dem alles arrangiert ist, steht für unbefleckte Reinheit. Das Altarkreuz deutet darauf hin, dass der Weg zur Heiligkeit nicht ohne Mühen zu erreichen ist, aber ebenso, dass Gottes Gnade im Opfer seines Sohnes uns unterstützt. Und die Monstranz zeigt in unverfälschter Darstellung die Erscheinung Gottes, wie sie vernommen wird beim Eintritt in sein Reich. So schildern begnadete Heilige ihre Begegnung mit Gott, wenn sie berufen wurden durch Nahtod oder einer Vision, sein Reich zu schauen.

Was ist eine Monstranz? Dem Nichtkatholiken muss das sicher erklärt werden. Sie ist ein goldener Strahlenkranz, der auf einem kurzen Ständer auf dem Altar steht oder auch auf einem langen Ständer, für alle sichtbar, neben dem Altar stehen kann. In ihrer Mitte befindet sich "der Leib Christ", also eine geweihte Hostie (Abendmahlsoblate). An dem Feiertag "Fronleichnam" wird dieser Leib in besonderer Weise geehrt und in einer Prozession herumgetragen. Wir erinnern uns: die geweihte Hostie *ist* für einen katholischen Christen (nicht nur sinnbildlich) Jesus Christus.

Wer empfänglich ist für spirituelle Kunst, der findet hier beispielhafter und leuchtender die Gegenwart der Heiligkeit Gottes dargestellt als jeder "tote Buchstabe" einer Schrift (selbst der Heiligen Schrift) es kann. Diese Verkündigung vermittelt deutlicher, worum es bei der

Heiligkeit geht, weil sie tiefer ins Herz dringt als alle trockenen Worte. In all diesen symbolischen Darstellungen in einem Kirchenraum werden die primärsten Zuordnungen Gottes beschrieben. Alle wollen das Heilige für den Gläubigen erfahrbar machen. Außer diesen sachlichen Gegenständen begegnen uns dort aber auch Bilder oder Schnitzereien von Heiligen. Auch diese wollen Erfahrbarkeit des Heiligen vermitteln. Sie verweisen aber noch auf einen anderen Aspekt dieser Erfahrung. Nämlich auf den der "Reinheit". Besonders in der figürlichen Darstellung der Mutter Jesu, der "Heiligen Jungfrau Maria", wird das deutlich. Ich persönlich habe mir oft die Frage gestellt, warum sie eine so hohe Stellung in der Kirche besitzt. Gewiss, rein logisch gesehen, ist sie die Mutter des Sohnes Gottes und somit hat sie vor allen anderen Heiligen eine besondere Vorrangstellung. Aber dennoch kann man das Gefühl nicht loswerden, dass sie manchmal sogar von gewissen Leuten mehr verehrt wird, als Jesus selbst. Das ist gewiss nicht theologisch und schon gar nicht neutestamentlich gewünscht. Hat nicht Jesus im Markus-Evangelium gesagt: "Wer ist meine Mutter und wer ist mein Bruder...(nur) wer den Willen Gottes tut, der ist mein Bruder und meine Schwester und meine Mutter". (Mk.3, 31-35).
Damit wollte Jesus die Verehrung auf Gott lenken und ausdrücken, dass Menschenverehrung nicht zielführend ist. Die Theologie hat deshalb immer deutlich gemacht, dass eine Heiligenverehrung, somit auch die Marienverehrung, immer Gott zum Ziel und Mittelpunkt haben muss. Ein Heiliger darf also theologisch begründet, nur eine Vermittlerrolle spielen.

Was ist aber darüber hinaus noch der Grund für die besondere Marienverehrung? Dieser Grund ist nicht die logische und theologische Verkündigung, sondern die symbolische Darstellung des *Reinheitsaspektes* des Begriffs der Heiligkeit.

Für die katholische Liturgie war immer wichtig, dass eine wahre Heiligkeit nur in einem reinen Verhalten gedeihen kann. Was heißt das? Einfach ausgedrückt, bedeutet das, dass Heiligkeit und gutes Verhalten sich bedingen. Man kann nicht ein heiliges Leben führen, ohne dass man ein sittlich gutes Leben führt. Man kann nicht heilig sein und sündigen. Das kann bei einem einmaligen Fehltritt noch keine Rolle spielen, da man in Gottes Gnade steht und bei Reue und Beichte, Vergebung findet. Aber bei einem andauernden Fehlverhalten gegen Gottes Gebote verliert der Gläubige seinen Heiligkeitscharakter. Er verliert die Bindung an Gott.

Reinheit bedeutet also ein sittlich gutes Verhalten. Ein sündhaftes oder böses Tun führt zur Gottesferne. Gottes Reich ist nicht von dieser (materiellen und lieblosen) Welt. "Mein Reich ist nicht von dieser Welt" (Joh.18,36), sagt Jesus.

In besonderer Weise verunreinigt den Menschen neben böser Taten, ein sexuell ausschweifendes Leben. Dieses kettet ihn an diese Welt und entfernt ihn von Gottes Reich. Das symbolisiert die "Jungfrau" Maria. Denn sie empfing den Sohn Gottes ohne Zutun eines Mannes. Ihre Schwangerschaft kam direkt von Gott.

Man mag daran glauben oder nicht, das Symbol der Reinheit wird dadurch aber nicht berührt. Die meisten Mariendarstellungen in den Kirchen vermitteln genau diesen Eindruck im Empfinden. In der Anschauung und

Meditation vor einer solchen Figur empfindet der Beter die tiefe Wahrheit, die hinter dem "Dogma" der "Unbefleckten Empfängnis" steht.

Was also das Gefühl der Reinheit und Heiligkeit auslösen soll, ist das Empfinden des Reiches Gottes und die Distanz zur fleischlichen und unmoralischen diesseitigen Welt.

Nun ist dieser Gedanke in unserer Zeit gewiss sehr unbeliebt und wird geradezu bekämpft. In den Medien, wie Fernsehen, Werbung oder Zeitschriften, wird vermittelt, dass Sexualität das Wichtigste im Leben sei. Loveparaden (die eigentlich keine Liebesparaden sind, sondern verherrlichende Sex- und Pornographie-Paraden) und Homo-Demonstrationen und -Umzüge werden regelmäßig veranstaltet und erinnern fatal an "Sodom und Gomorra" (1.Mos.18,16ff). Und sogar in Kindergärten wird schon den Kleinen eingeredet, dass Sex mit all seinen ausschweifenden Auswüchsen etwas Normales sei und dass es unzählige Geschlechter gäbe, die das Wesen des Menschen ausmachen. Das widerspricht aber fatal der Aussage der Bibel. Eine der Geistesgaben ist die "Keuschheit" (s. Gal. 5,22). Das Wesen des Menschen definiert sich nicht durch sein Geschlechtsteil, sondern durch seine geistig-seelisch-körperliche Gesamtheit.

Nebenbei bemerkt: Damit die christliche Meinung über Sexualität aber nicht falsch verstanden wird, muss betont werden, dass sie nicht an sich sündig ist. Sexualität ist von Gott und in einer festen Bindung zweier erwachsener Menschen durchaus gewollt. Es geht allein um ein ausschweifendes Verhalten, das dem Menschen nicht gut tut.

Der Begriff der Reinheit meint aber wesentlich etwas anderes: Nämlich, dass der wahre Grund des Menschen geistig ist. Wir sind von göttlicher Natur, wir sind nach Gottes Bild erschaffen (1.Mos.1, 27). Da Gott Geist ist (Joh.4, 24), ist unser Wesen auch Geist. Das ist unsere wahre Natur. Noch einmal, damit es deutlich wird: Geist an sich ist nicht per se göttlich. Geist besteht auch in den niederen Welten der Abkehr von Gott. Wenn wir aber von göttlichem Geist sprechen, meinen wir beides, Reinheit plus Geist. Denn nur ein solcher Geist ist von Gott. Ein Geist der wahren Liebe zu sich selbst, zu allen anderen Wesen und zu Gott (vgl. Mk.12,31). Der theologische Begriff der Reinheit meint genau das.

Kapitel 9
Das Jenseits

Jesus sagt: "Mein Reich hat viele Wohnungen" (Joh. 14,2). Damit ist gemeint, dass es in Gottes geistiger Wirklichkeit viele Ebenen der Entwicklung gibt. Der Volksmund kennt das Sprichwort "im 7. Himmel sein". Damit ist die oberste Stufe der Vollkommenheit und Glückseligkeit bei Gott gemeint. Die Zahl Sieben ist symbolisch und drückt eine Vielzahl von Entfaltungsmöglichkeiten aller Wesen im geistigen Bereich aus. Jeder, wenn er die materielle Ebene verlässt, wird da abgeholt, wo er steht und wird individuell dorthin geleitet. Nach allen Nahtod-, Nachtod- und Jenseitserfahrungen kann das Jenseits grob folgendermaßen beschrieben werden:
Wenn ein Mensch stirbt, gelangt er, sofern er sich noch in einem geistig unterentwickelten Zustand befindet und somit kein "Heiliger" ist, in einen geistigen, noch sehr erdverbundenem Bereich. Es ist die erste Stufe außerhalb des Körpers. Genau diese wird auch von Menschen beschrieben, die eine Nahtoderfahrung gemacht haben. Hier ist quasi die "Vorhalle", in der entschieden wird, wohin der weitere Weg gehen wird. Je nach Bewusstseinsstand und "Reinheit" (siehe oben) empfängt er hier seinen "Lohn" (das ist das biblische Wort für Karma). Im katholischen Verständnis spricht man hier von dem Bereich des "Fegefeuers". Dieser Begriff ist, wie wir sagten, irreführend, weil es sich nicht um ein Feuer im irdischen Sinn handelt. Es ist vielmehr ein Ort der Läuterung.
Nicht jeder erwacht direkt nach dem Ableben im geistigen Bereich. Manche "schlafen" erst. Das heißt,

sie sind noch nicht bei Bewusstsein. Es ist das, was meistens am Grab vom Pfarrer gesagt wird: Sie sollen ruhen in Frieden. Deshalb wird auch nicht jeder, der klinisch tot ist, eine Nahtoderfahrung machen. Und bei denen, die nicht mehr reanimiert werden können, sind es viele, die erst einmal schlafen und nicht bei Bewusstsein sind. Jeder hat eine andere Zeit des Erwachens. Das Spektrum reicht von "sofort wach sein" bis zum "jahrelangen Schlaf". Dieser wird manchmal als „Heilschlaf" bezeichnet (nach Beat Imhof). Er tritt meist dann auf, wenn ein Mensch durch schreckliches Leid aus dem Leben geschieden ist.

Aber irgendwann erwacht jeder. Die, die sofort bei Bewusstsein sind, wissen oft nicht, dass sie gestorben sind. Denn sie erfahren sich als nicht tot. Lange Zeit war es Brauch, die Spiegel im Zimmer des Verstorbenen zu verhängen, damit der Geist nicht erschrickt, wenn er sich im Spiegel nicht sehen kann. Ebenso ist es auch heute noch Brauch, an dem Ort, wo jemand im Straßenverkehr ums Leben kam, ein Kreuz aufzustellen, damit er verstehen kann, was geschehen ist. Meist erkennen die Verstorbenen aber erst an den Nicht-Reaktionen der Menschen, die um sie sind, nach und nach, dass sie sich nicht mehr in dieser Welt befinden. Bis dahin versuchen sie in Kontakt mit den Hinterbliebenen zu treten. Wenn der Wunsch nach Kontakt sehr intensiv ist, kann es manchmal sogar zu sogenannten "Spukphänomenen" kommen. Das kann so lange dauern, bis der Verstorbene merkt, dass er nicht mehr in der materiellen Welt lebt. Manchmal, wenn noch etwas ungeklärt ist mit den Hinterbliebenen, können solche Ereignisse auch länger dauern. Bernard Jakoby, ein Mann, der sich intensiv damit beschäftigt hat, spricht von Nachtodkontakten. Damit sind Erfahrungen der Hinterbliebenen gemeint, denen Verstorbene auf irgend eine Weise begegnet sind. Er hat festgestellt, dass es gar nicht wenige sind, die davon berichten können. Meist sind es wohlwollende Begegnungen und mit einem tiefen Gefühl der Liebe verbunden, und entspricht einem letzten Abschiednehmen. Manchmal aber sind es auch unangenehme, sogar oft aggressive Begegnungen. Man kennt sie unter der Bezeichnung "Poltergeist". Dabei handelt es sich um Verstorbene, die keine Ruhe finden. Sie können nicht einfach Abschied nehmen von ihren Hinterbliebenen, sondern wollen unbedingt noch etwas mitteilen oder erledigen. Das Tragische ist, dass diese Phänomene nicht richtig erkannt werden. Sowohl tragisch für die Hinterbliebenen als auch für den Verstorbenen.

Wenn diese nicht richtig verstanden werden, kann der Prozess des Spukens sehr lange dauern, oft solange, bis der Betroffene es nicht mehr aushält und in eine andere Wohnung auszieht. Weil verstorbene Geister meist hausgebunden sind, verbleiben sie oft in der zurückgelassenen Wohnung und belästigen die neuen Besitzer, weil ihr Problem nicht gelöst ist.

In der heutigen Zeit, die geprägt ist vom materialistischen Denken, werden diese Phänomene meist verschwiegen, weil man befürchtet, nicht ernst genommen zu werden. Seit einigen Jahren gibt es in Deutschland ein offizielles parapsychologisches Institut, wo sich Betroffene hinwenden können (Leiter: Walter von Lucadou).

Oft beurteilt man das Ereignis meist nicht richtig. Entweder wird behauptet, dass es sich um ein parapsychologisches Problem handelt, in dem Sinne, dass eine lebende Person diesen Spuk unterbewusst selbst verursacht (so der bekannte Parapsychologe Walter von Lucadou). Oder man vermutet gottabgewandte Engel und verspricht sich von einem Exorzismus durch einen katholischen Priester Hilfe. Letzteres kann durchaus der Fall sein, hat aber eine eigene Vorgeschichte, auf die hier nicht eingegangen werden soll.

Erst wenn die Ursache eines Spuks richtig erkannt und eingeschätzt wird, ist eine wirksame Behandlung möglich. Das heißt, man muss erkennen, dass es sich um eine verstorbene Person handelt, die unbedingt noch etwas mitteilen möchte.

Es ist nicht notwendig, hierfür ein Medium zu kontaktieren, das den Geist ruft und mit ihm spricht. Für uns Christen gibt es andere, heiligere Wege. Nämlich das Gebet. Es ist unbedingt erforderlich, dass der Beter Gott (den Vater, den Sohn und den heiligen Geist) anruft und ihn um seine Gegenwart bittet. Gott wird dann eine Atmosphäre schaffen, die heilsam ist für alle Beteiligten.

Es ist wichtig, zu Gott zu sprechen und Ihm den Namen des Verstorbenen zu nennen und um Hilfe zu bitten. Im Gespräch mit Gott soll dann dem Geist gesagt werden, dass er erkennen möge, dass er tot ist und nun nichts mehr in der Welt der Lebenden verloren hat. Sein Ziel besteht nun darin, "ins Licht" zu gehen. Man erkläre ihm, dass es das Reich Gottes gibt und er Gott um Hilfe rufen könne, damit er ihn dorthin führe. Oft wissen die Verstorbenen nicht, dass es das gibt, weil sie sich zu Lebzeiten damit nicht beschäftigt hatten. Hat man den Eindruck, dass es mit einer Belehrung nicht getan ist, dann kann die nächste mögliche Ursache angesprochen werden. Nämlich der Wunsch, noch etwas hier zu erledigen. Oft kann der Verbliebene erahnen, ob er selbst vielleicht die Ursache dafür ist, indem er zum Beispiel in Unfrieden mit dem Verstorbenen auseinandergegangen ist. Vor Gott im Gebet kann dem Geist das nun gesagt werden und um Verzeihung gebetet werden. Möglich ist auch eine Segnung, die man dem Verstorbenen erteilt. Aus vielen Berichten von "Helfern der sog. Verlorenen Seelen" wird deutlich, dass Gebete für diese Erleichterung bringen (vgl. Maria Simma, Meine Erlebnisse mit Armen Seelen).

Das alles geschieht in der untersten Stufe des Jenseits. Von hier kann es auch noch "tiefer" gehen. Wessen Karma sehr schlecht ist, der wird es in den göttlichen Sphären nicht aushalten und gelangt in "niedere" Welten. Von diesen soll hier nicht die Rede sein, Ziel des Buches ist, den Leser für Gott zu öffnen.

Kein Lebewesen ist dazu bestimmt, auf ewig in der Welt der unentschiedenen Geister zu bleiben. Das Ziel ist immer, in eine nächsthöhere Ebene zu kommen.

Ein Mensch, der zu Lebzeiten schon sehr spirituell eingestellt war und mit der göttlichen Welt in Kontakt war, zum Beispiel, wenn er eine regelmäßige Gebetspraxis gepflegt hat, wird, so hört man sehr oft in Berichten von Jenseitserlebnissen, von Engelwesen abgeholt und direkt zum Licht emporgehoben. Dort wird zuerst eine Welt betreten, die schon als sehr angenehm empfunden wird. Hier begegnet man vorausgegangenen Menschen, von denen man freudig empfangen wird. Aber das ist erst die unterste Stufe des Bereiches, den man als "Himmel" bezeichnet. Auch hier geleiten uns geistige Wesen weiter nach oben ins Licht, sofern die geistige Entwicklung dem entspricht. Hier befinden sich die höheren spirituellen Wesenheiten, wie die, die man "Heilige" nennt oder "Engel".

Es gibt unzählige Stufen bis hin zum vollkommensten Licht, welches Gott ist. Aber von den sehr hohen Welten gibt es keine Erfahrungsberichte. Denn wer dorthin gelangt, der wird nicht mehr in den Kreislauf des irdischen Lebens zurückversetzt. Hier erst beginnt der Glaube und der Bereich des Nichtwissens. Die unteren Stufen des göttlichen Jenseits können von lebenden Menschen erfahren werden in Visionen oder Nahtoderlebnissen. Aber die Stufen des absoluten göttlichen Bewusstseins sind für uns nicht zugänglich. Die Kirche lehrt, dass von diesem Bereich Jesus Christus gekommen ist. Daher auch seine hohe Bedeutung und sein Titel "Sohn Gottes". Nicht jeder kann das verstehen. Es ist Gnade und eine Inspiration Gottes, wenn er es einem Menschen ermöglicht, an diesem Geheimnis teilzuhaben. Die christliche Lehre spricht hier vom Heiligen Geist, der dies ermöglicht. Das ist jener Geist, der die himmlische Welt mit der irdischen verbindet. Davon mehr in den weiteren Kapiteln.

Kapitel 10
Das Beispiel Jesus Christus

Die Erlebnisse von Menschen, die dem Tod sehr nahe waren, sind schon sehr beeindruckend. Wir begegnen dort auf einmal längst hinter uns geglaubten Vorstellungen. All die mythologischen Gestalten, wie Engel und Geister erweisen sich hier als real. Hatten wir nicht geglaubt, und so hat man es den Pastorenanwärtern im Studium weismachen wollen, dass dies alles nur Fantastereien und erfundene Märchen seien? Und hatten wir nicht versucht, sie aus unserer Realität zu verbannen? Das Rationale, so glaubten wir, ist allein nur wahr. Nämlich als trockene, nachprüfbare, materialistische und seelenlose Wirklichkeit. Alles darüber Hinausweisende und Geistige ist nur eine Illusion des Gehirns. Da Materie der Grund des Lebens schien, so musste zwangsläufig alles Geistbetreffende unwahr sein. Inzwischen aber erweist sich die Wirklichkeit unter anderem durch die Quantenphysik und den Nahtoderlebnissen als geistig. Oder besser gesagt: Als sowohl materiell (verdichteter Geist) als auch als geistig (unverdichteter Geist). Die Materie erscheint nun transparent und transzendent. Da die christliche Theologie, besonders die evangelische, durch diesen Zeitgeist des Materialismus gegangen ist und so stark gelähmt wurde, so ist es nun endlich an der Zeit, sich wieder auf geistige Wahrheiten zu besinnen.
Sogar heute noch, kann man sich täglich über die politisch korrekten, unspirituellen Andachten in Radio und Fernsehen ärgern, die nicht mehr Gott und Jesus Christus zum Thema haben, sondern uns nur noch mit weichgespülten Allerweltsverhaltensweisen abspeisen.

Diese moralischen Imperative haben keine geistige Grundlage mehr. Luther nannte dieses Tun "Werkgerechtigkeit", und meinte damit ein Handeln ohne Gott; dieses sei Aufgabe der "Obrigkeit" (Staat/Politik), aber Aufgabe der kirchlichen Führer sei es, sich um geistige Dinge zu kümmern.

Die heutige lutherische Kirche ist leider nicht mehr lutherisch im Sinne von seiner Theologie, trotz des Lutherjahres 2017, geschweige denn spirituell. Es bleibt nur zu hoffen, dass künftige Generationen in der Theologie zu ihren Wurzeln und zu Jesus Christus zurückfinden. (Es gibt sicher "im Untergrund" auch in diesen Reihen geistbegabte Christen).

Auch die Vorstellung von Jesus Christus war in der Vergangenheit verflacht und abgeschwächt worden. Manch ein Theologe, wie zum Beispiel der sonst sehr verehrte Albert Schweitzer, hat in seiner "Leben-Jesu-Forschung" davon gesprochen, dass Jesus gescheitert war, denn dessen Reich Gottes ist seiner Meinung nach nicht gekommen. Rudolf Bultmann ging noch weiter und verwarf alles Mythische und Übernatürliche aus der Bibel und zurück blieb ein Skelet von Jesus und seiner Verkündigung.

Dass die Kirchen ihre Kraft dadurch verloren und bis heute mehr und mehr Menschen kein Interesse mehr an ihr haben, ist nicht verwunderlich.

Wer aber war Jesus wirklich, wenn wir die Berichte der Bibel über ihn wieder wörtlich nehmen? Wenn wir alles, was ausgeklammert wurde und kaum noch in heutiger Verkündigung vorkommt, wieder einfügen, ergibt sich folgendes Bild:

+ Jesus ist Gottes Sohn und er inkarnierte in unsere sichtbare Welt (Joh. 1,14).

+ Er war stets mit Gott verbunden und konnte ihn sehen (Joh. 5,19).

+ Er war ein Heiler, der Kranken die Hände auflegte oder von fern heilte (Mt. 15,29-31) und Tote auferwecken konnte (z.b. Lk.7,14).

+ Er konnte die Natur beherrschen, indem er z.b. einen Sturm mit seinen Worten beruhigte (Mk. 4,31-45).

+ Er stand über den uns bekannten Naturgesetzen, indem er z.b. auf dem Wasser gehen konnte (Mt. 14,22-33) und vermochte nach seiner Auferstehung durch Wände zu gehen und in verschlossene Räume zu treten (Joh.20,19) und sich sichtbar und unsichtbar machen (vgl. Lk.24,31).

+ Ihm gehorchten die Engel (Mt. 26,52,53).

+ Als man ihn kreuzigte und er starb, erwachte er nach drei Tagen zum Leben (Auferstehung) und er erschien vielen Menschen vierzig Tage lang (1.Kor. 15,1-7 u. Apg. 1,3).

+ Er fuhr in den Himmel auf (Apg. 1,1-11).

+ Er lebt nach der Himmelfahrt bei Gott (Mk,6.19 / Hebr.1,3) und wir können ihn anrufen, bzw. zu ihm beten (Joh. 14,13.14).

+ Er ist durch den Heiligen Geist mit uns und allen Heiligen verbunden (Röm. 8,14).

+ Er kann unter uns Lebenden erscheinen (Apg. 9,5), (Apg. 7,55.56).

+ Er kann uns Lebende heilen (Joh. 14,13.14).

+ Er kann den Verstorbenen beim Übergang ins Jenseits erscheinen und sie ins Reich Gottes geleiten (s. NTE - Erfahrungsberichte).

All diese Wunder hat man ausgeklammert und es blieb von Jesus nur noch ein "Gutmensch" übrig. Ein Jesus aber, der diese oben beschriebenen Dinge tun kann, ist ein anderer. Selbst seine Gegner mussten seine Wunder anerkennen. Manch einer dachte: Wer solche Wunder tun kann, muss von Gott sein. Das veranlasste unter anderem den Pharisäer Nikodemus heimlich nachts zu Jesus zu gehen und ihm wichtige Fragen zu stellen (Joh.3).

Damit aber nicht genug! Denn der Machtbereich Jesu erstreckt sich nicht nur auf unser irdisches Leben, sondern auf alle Zeit und Ewigkeit. Er lebt im geistigen Bereich Gottes und ist quasi nur verborgen, aber nicht tot. Das ist die zentrale Botschaft der Christen: Jesus lebt! "Er sitzt zur Rechten Gottes", ist Teil des gesamtchristlichen Glaubensbekenntnisses. Und "wo zwei oder drei in meinem Namen versammelt sind, da bin ich mitten unter ihnen", sagt Jesus, und bezeugt dadurch, dass er auch bei uns gegenwärtig sein kann, wenn wir um seine Gegenwart bitten (Mt. 18,20).

Die Bibel und alle Erfahrungen des Glaubens widersprechen der nicht segensreichen "Gott ist tot Theologie" des letzten Jahrhunderts und der heute noch immer vertretenen Lehre mancher Philosophen oder sogar Theologen, zu denen auch Dorothe Sölle gehörte. Sie erlangte zweifelhafte Berühmtheit, als sie mitten im Kirchentag 1965 erklärte: "Gott ist tot!".

Und in besonderer Weise ist Jesus Christus neben dem gemeinsamen Gebet, in der heiligen Eucharistie (Heiliges Abendmahl) gegenwärtig. "Das ist mein Leib...das ist mein Blut" hat Jesus am Tag vor seiner Verhaftung über Brot und Wein gesagt und zum regelmäßigen Heiligen Abendmahl aufgefordert. Traditionelle Christen sehen darin die Gegenwart ihres Herrn und fühlen sich mit ihm stark verbunden, wenn sie "seinen Leib" essen und "sein Blut" trinken. Für sie

ist es kein reines "Gedächtnismahl" sondern sie glauben an Jesu "Realpräsenz".
Viele Male ist Jesus schon den Menschen erschienen, selbst in unserer Zeit. Davon geben die vielen Heiligen der Kirche Zeugnis. Merkwürdig scheint mir, dass viele sagen, dass sie das nicht glauben können, was von Jesus berichtet wird, gleichzeitig aber halten sie Berichte von indigenen Medizinmännern, die auch Wunder tun können, für wahr. Und viele gehen zu solchen Wundertätern und vertrauen ihnen mehr als dem Sohn Gottes, der Jesus Christus ist. Weil die Verkünder der Kirche diesen Glauben nicht mehr haben (in vielen Fällen), wie sollten dann die einfachen Menschen, die wenig über Jesus wissen, diesen Glauben haben? Was sie in ihrer Kirche vermissen, das suchen sie in esoterischen Kreisen. Deshalb begeht jede Kirche, die weltoffen, liberal und säkular ist, einen großen Fehler.

Ursprünglich war die christliche Gemeinschaft eine wundertätige Religion. Als Johannes der Täufer, der im Gefängnis saß, nach Jesu Auftrag fragte, wurde ihm die Antwort von Jesus überbracht: "Die Blinden sehen, die Lahmen gehen, die Aussätzigen werden rein, die Tauben hören, die Toten stehen auf und den Armen wird das Evangelium gepredigt. Und selig ist, der sich nicht an mir ärgert!" (Mt. 11,4-6).

Jesus verweist also auf seine Wunder und gibt zu verstehen, dass er dadurch der erwartete Messias ist. Seinen Jüngern hatte er auch diese Fähigkeiten verliehen. Und auch heute noch könnten seine Anhänger solches tun, wenn sie nur glauben würden. Durch den von Jesus verheißenen Heiligen Geist ist das möglich. Jesus sagte sogar, dass wir dadurch größere Wunder tun könnten als er selbst (Joh. 14,12-17). Wer Jesus begegnet und ihm vertraut, der wird von ihm verwandelt werden. Eine "blutflüssige" Frau (med. Bezeichnung der Krankheit: Hämophilie) berührte zu Jesu Zeiten den Saum seines Gewandes und wurde dadurch gesund. Jesus, der sie zunächst nicht beachtete, spürte aber augenblicklich, dass eine Kraft von ihm ausging und diese Frau heilte. Zur Begründung dieser Heilung sagte er zu der Frau: "Dein Glaube hat dir geholfen" (Mt. 9,22).

Auch heute, mit starkem Glauben und Vertrauen an Jesus, können solche Dinge geschehen. Denn der christliche Glaube geht davon aus, dass Jesus lebt und zwar in einer geistigen, energetischen Form (theologisch gesprochen: im Himmel). In dieser machen die meisten Gläubigen ihre Erfahrung mit ihm. Aber es gibt auch Menschen, die ihn tatsächlich sehen oder gesehen haben, unter vielen anderen, wie schon erwähnt, der Heilige Pater Pio (1887 - 1968) oder die Heilige Margareta Maria Alacoque (1647 - 1690).

Kapitel 11
Das gemeinsame Glaubensbekenntnis

Die westlichen Kirchen haben gemeinsam dasselbe Glaubensbekenntnis, es wird "Romanum" oder "Apostolikum" genannt. Es soll, wie der Name besagt, bis auf die urchristlichen Apostel Jesu Christi zurück gehen. Es ist also sehr alt. Die älteste Erwähnung finden wir beim Presbyter Rufinus (404 n. Chr.). Neben dem Apostolischen Glaubensbekenntnis kennt die Kirche noch das "Nicäno-Konstantinopolitanische Glaubensbekenntnis". Dieses, von der Ostkirche bevorzugte, ist die gemeinsame Grundlage aller Kirchen, also der westlichen und der östlichen. Es geht auf die ersten Konzilien von 325 n. Chr., in Nicäa, und 381 n. Chr., in Konstantinopel zurück.

Bevor auf den Inhalt aller gemeinsamen Glaubensbekenntnisse eingegangen wird, sollen sie als Text vorangestellt werden:

Apostolikum (Romanum)
Ich glaube an Gott, den Vater,
den Allmächtigen,
den Schöpfer des Himmels und der Erde
und an Jesus Christus,
seinen eingeborenen Sohn, unseren Herrn,
empfangen durch den Heiligen Geist,
geboren von der Jungfrau Maria,
gelitten unter Pontius Pilatus,
gekreuzigt, gestorben und begraben,
hinabgestiegen in das Reich des Todes,
am dritten Tage auferstanden von den Toten,
aufgefahren in den Himmel;

er sitzt zur Rechten Gottes,
des allmächtigen Vaters;
von dort wird er kommen,
zu richten die Lebenden und die Toten.
Ich glaube an den Heiligen Geist,
die heilige Christliche Kirche,
Gemeinschaft der Heiligen,
Auferstehung der Toten
und das Ewige Leben. Amen.

Nicäno-Konstantinopolitanum
Wir glauben an den einen Gott,
den Vater, den Allmächtigen,
der alles geschaffen hat,
Himmel und Erde,
die sichtbare und unsichtbare Welt.
(wrtl.: alles Sichtbare und Unsichtbare)
Und an den einen Herrn Jesus Christus,
Gottes eingeborenen Sohn,
aus dem Vater geboren vor aller Zeit:
Gott von Gott, Licht vom Licht,
wahrer Gott vom wahren Gott.
Gezeugt, nicht geschaffen,
eines Wesens mit dem Vater.
Durch ihn ist alles geschaffen,
für uns Menschen
und zu unserem Heil
ist er vom Himmel gekommen,
hat Fleisch angenommen durch den Heiligen Geist
von der Jungfrau Maria und ist Mensch geworden.
Er wurde für uns gekreuzigt unter Pontius Pilatus,
hat gelitten und ist begraben worden,
ist am dritten Tage auferstanden nach der Schrift

und aufgefahren in den Himmel.
Er sitzt zur Rechten des Vaters
und wird wiederkommen in Herrlichkeit
zu richten die Lebenden und die Toten.
Seiner Herrschaft wird kein Ende sein.
Wir glauben an den Heiligen Geist,
der Herr ist und lebendig macht,
der aus dem Vater (und dem Sohn) hervorgeht,
der mit dem Vater und dem Sohn
angebetet und verherrlicht wird,
der gesprochen hat durch die Propheten,
und die eine heilige (christliche) katholische
und apostolische Kirche.
Wir bekennen die eine Taufe
zur Vergebung der Sünden.
Wir erwarten die Auferstehung der Toten
und das Leben der kommenden Welt. Amen.

Nachdem wir gesehen haben, dass die Bibel von Jesus Christus in spirituellen Dimensionen spricht (s. Kp.10) und eben nicht "entmythologisiert" werden möchte, ist es interessant zu sehen, dass die frühen Christen auf ihren Synoden von 325n.Chr. und 381n.Chr. diesen überdimensionalen, geistigen und überweltlichen sowie überzeitlichen Aspekt des Glaubens sehr betont haben. Für sie war Jesus nicht nur ein Mensch oder Prophet, sondern er war ein göttliches Wesen.
Niemals stand darüber hinaus in den Bekenntnissen der Urchristen eine einseitige Ethik im Vordergrund, im Sinne, wie es ein sprichwörtlich gemeinter "Gutmensch" verstehen könnte.
In den alten ursprünglichen Glaubensbekenntnissen kommt Ethik fast überhaupt nicht vor, jedenfalls nicht

in Bezug auf Menschen, sondern auf Gott: "...soll angebetet werden" (s.o.!).

Heutige Vertreter der Kirchen würden ein ganz anderes Bekenntnis schreiben. Sie würden vielleicht formulieren:

Wir glauben an die gute Tat;
daran, dass Jesus Christus ein guter Mensch war
und dass seine Verkündigung nur darin bestand,
dass alle Menschen tolerant und lieb
zueinander sein sollen.
Nur wegen seiner Gutmütigkeit
ist er gekreuzigt worden.
Er ist nicht für unsere Sünden gestorben,
denn es gibt keine mehr,
weil wir erkannt haben,
dass Begriffe wie gut und böse relativ sind.
Der Heilige Geist ist nur ein Hirngespinst,
denn es gibt keinen Geist an sich,
er ist nur ein Produkt des materiellen Gehirns.
Wir glauben auch nicht an die Kirche,
denn sie ist nur eine weltliche Institution;
und schon gar nicht an das Leben nach dem Tod,
denn es ist nur eine Wunschvorstellung.
Alles, was bleibt ist die politische Tat.
Nur sie ist der wahre Glaube.

Vielleicht mag dieses provokative Glaubensbekenntnis einseitig sein, aber gemessen an den öffentlichen Verkündigungen in allen Medien, wie Fernsehen, Radio und Zeitungen, trifft genau das zu. Denn dort wird generell nicht mehr von geistigen Dingen gesprochen. Im Weglassen oder Umformulieren wird sehr deutlich, dass diese heute keine Rolle mehr spielen dürfen. Es gäbe sofort einen öffentlichen Aufschrei der

"Empörten", den Vertretern des politisch Korrekten. Sofort würde, sogar aus den eigenen kirchlichen Reihen, der Verdacht aufkommen, dass es sich um eine Sekte handeln müsse. Und davor haben Kirchenmänner und -Frauen große Angst. In vorauseilendem Gehorsam vermeiden kirchliche Vertreter also vermeintlich anstößige Verkündigungen, obwohl dies doch gerade ihr Auftrag ist (vergl. 1.Joh.3,13 und Joh.15,18: "Wundert euch nicht, wenn euch die Welt hasst, ...denn sie haben Jesus schon vor euch gehasst").

Aus diesen Gründen und weil die Kirche z.T. auch selbst nicht mehr so recht an ihre eigenen Bekenntnisse glaubt, vermeidet sie alles Metaphysische. Was bleibt, ist nur noch die politische Verkündigung. Aber das ist nicht das zentrale Thema einer jeden Religion. Das Wesen der Religion ist der geistige Bereich. Wo dieser nicht verstanden wird, verliert sie ihr Eigentliches. "Trachtet als erstes nach dem Reich Gottes..." (Mt. 6,33), sagt Jesus. Das ist kein politisches Thema, sondern eine spirituelle und metaphysische Aufforderung. Die christlichen Glaubensbekenntnisse sind Zeugen davon.

Wenn Angst kein Motiv für eine Vermeidung geistiger Verkündigung der modernen Kirche ist, dann ist es aber auf jeden Fall der Verlust des Glaubens an das Übernatürliche, von dem die kirchlichen uralten Bekenntnisse sprechen; weil, es wurde schon oft gesagt, das materialistische Weltbild so dominant in unserer modernen Kultur vorherrschend ist.

Noch immer wird nicht zur Kenntnis genommen, dass in der wissenschaftlichen Welt schon längst ein anderes Weltbild zum Vorschein gekommen ist, nämlich, wie gesagt, in den Bereichen der Quantenphysik, den

Erforschungen des Jenseits bei allen Nahtod- und Nachtoderfahrungen, in der Parapsychologie und den Privatoffenbarungen der Heiligen und Seher. Mindestens in der Physik hat ein Paradigmenwechsel stattgefunden, weg von einem einseitig materialistischen Weltbild, hin zu einem geistigen. Welche Parallelen können wir ziehen zwischen den oben genannten Forschungen und den frühen Zeugnissen des Geistes, nämlich den Glaubensbekenntnissen? Abgesehen davon, dass alles darin von einer göttlichen Übernatur getragen ist, fallen doch einige Formulierungen auf und erinnern sehr stark an die bekannten Jenseitserlebnisse.

Die erste auffällige Passage ist die Erwähnung, dass es neben der sichtbaren Welt noch eine unsichtbare gibt. Während das Apostolikum von "Himmel" spricht (im Gegensatz zur Erde), erwähnt das Nicäno-Konstantinopolitanum eine explizit "unsichtbare Welt" (wrtl.: "Gott, ...der alles geschaffen hat, Himmel und Erde, alles Sichtbare und Unsichtbare"). Dass es eine solche wirklich gibt, davon zeugen alle Glaubensbekenntnisse.

Darüber hinaus gibt es noch eine Welt, *vor* dieser Zeit der Schöpfung (wrtl.: "Jesus...aus dem Vater geboren vor aller Zeit"). Das ursprünglich griechische Wort "Zeit" (= αιων) ist nicht mit unserem Wortgebrauch vergleichbar. Unsere bekannte Zeit ist relativ und vergänglich; diese aber meint "Ewigkeit", nicht als ewige Zeit zu verstehen, sondern als einen Bereich völlig außerhalb von ihr, es handelt sich also um eine andere Dimension.

In den Bekenntnissen wird die jenseitig göttliche Welt als "Licht" bezeichnet (wrtl.: "Licht vom Licht") und in allen gottbezogenen Jenseitserfahrungen wird dies bezeugt, nämlich dass am Ende des durchquerten Tunnels Licht ist und je näher man zu Gott gelangt, desto intensiver ist es zu vernehmen; Gott selbst ist dieses Licht (vgl. u.a. Psalm 36,10; Joh.8,12; 1.Joh.1,5;).

Wenn in den Bekenntnissen die Rede ist, dass Jesus gestorben ist, dann begegnet man der Formulierung "Hinabgestiegen in das Reich des Todes". Vor nicht allzu langer Zeit betete man "hinabgestiegen in die Hölle". Diese Formulierung ist sicher einseitig interpretiert. Die lateinische Urfassung lautet "descendit ad inferos". Inferos bedeutet wörtlich "unterer Bereich", "das Untere" bzw. "die Unterwelt". Der Tod ist in diesem Sinne nicht etwas Nichtexistentes, sondern eben ein Bereich, wo man sich aufhält nach dem Tod. Nach dem Bericht des Petrus (1.Petr.3,19) ist Jesus nach seinem Kreuzestod in diesen Bereich gegangen, um die "Geister im Gefängnis" zu befreien. Eine ähnliche Vorstellung muss auch Paulus vertreten haben, denn er erwähnt, dass es möglich ist, sich für diese Gestorbenen stellvertretend taufen zu lassen (1.Kor.15,29).

Wie die Menschen, die eine Nahtoderfahrung gemacht hatten, kommt auch Jesus nach drei Tagen seines Aufenthaltes im jenseitigen Reich wieder zurück in seinen fleischlichen Leib, der jedoch von anderer Art zu sein schien, weil er mit ihm nicht mehr an irdische Begrenzungen gebunden war (wie oben erwähnt, konnte er durch Wände gehen [Joh.29,19], sich sichtbar und unsichtbar machen. [s. Lk.24,31: "...und er wurde vor ihren Augen unsichtbar"]).

Menschen, die nach ihrem Tod wiederbelebt wurden, haben zwar keinen solchen Leib wie Jesus, aber auch sie berichten davon, dass sie nicht mehr dieselben Menschen sind wie vorher. Abgesehen von der Einsicht in das wirkliche und ganzheitliche Leben, sprechen viele von außersinnlichen und parapsychologischen Erfahrungen, die sie nun in diesem zurückgewonnenen Leben haben, wie es in Kapitel 1, Seite 26 dargelegt ist. Die Begegnung mit dem geistigen Lebensbereich verändert den Menschen.

Beide Glaubensbekenntnisse sind davon überzeugt, dass Jesus nach seiner Himmelfahrt "zur Rechten Gottes, des Vaters" sitzt. Damit ist gemeint, dass er nicht tot ist, sondern in Ewigkeit lebt, also auch jetzt! Und deshalb kann Jesus sagen: "Wo zwei oder drei in meinem Namen versammelt sind, da bin ich mitten unter ihnen" (Mt.18,20). Das heißt, er kann im Gebet angerufen werden und für uns da sein. Für den gläubigen Christen ist es wichtig zu bekennen: Jesus lebt!

Und nicht nur mit ihm können wir in Kontakt treten, sondern mit allen Himmelswesen. Auch mit den Heiligen, also den gläubig Verstorbenen, die jetzt bei Gott in seinem Licht leben. So lassen sich auch die sagenhaften, fast unerklärlichen Marienerscheinungen oder Wunderwirkungen durch Heilige verstehen. Denn das Apostolische Glaubensbekenntnis spricht von einer "Gemeinschaft der Heiligen". Die, die bei Gott leben, also Jesu Jünger, seine Mutter Maria, und alle bis heute im Glauben an Gott Dahingegangenen und die, die hier auf Erden leben, haben Gemeinschaft miteinander durch den Heiligen Geist. Er ist die Göttliche Kraft, die uns alle verbindet. Alle kirchlichen Bekenntnisse bezeugen den "Glauben an den Heiligen Geist". Er ist Teil der Göttlichen Trinität von Vater, Sohn und Heiligem Geist. In dieser Dreiheit sind die Glaubensbekenntnisse aufgebaut, sie sprechen zuerst von Gott (dem Vater), dann von Jesus Christus (dem Sohn) und dann von der Kraft Gottes (dem Heiligen Geist). Alle Glaubensbekenntnisse bezeugen schlussendlich, dass mit dem Tod nicht alles aus ist, sondern dass es eine "Auferstehung" und ein "Ewiges Leben" geben wird, sowie eine "Kommende Welt". Eines Tages ist unsere Welt von Gott allein beherrscht, wie es in der Offenbarung heißt: "Dann sah ich einen neuen Himmel und eine neue Erde; denn der erste Himmel und die erste Erde sind vergangen...Er wird alle Tränen von ihren Augen abwischen: Der Tod wird nicht mehr sein und keine Trauer, keine Klage, keine Mühsal, denn was früher war, ist vergangen. Er, der auf dem Thron saß sprach: Seht, ich mache alles neu..." (Offb. 21,1.4.5).

Kapitel 12
Der Heilige Geist

Jesus hatte nur drei Jahre Zeit, um seine Jünger zu lehren. Drei Jahre, um aus einfachen Fischern und Handwerkern "Gesellen" zu machen. Die "Meisterschaft" sollte noch kommen.

Deshalb sagte er zum Abschied: "Ich habe euch noch viel zu sagen, aber ihr versteht es jetzt noch nicht; wenn aber der Geist der Wahrheit kommen wird, wird er euch in alle Wahrheit leiten" (Joh.16,12.13).

Aus diesem Grund ist das, was in der Bibel steht, sehr relativ. Denn alle Gleichnisse Jesu sind in einer Sprache für ungebildete, aber praktisch orientierte Menschen formuliert und zeitlich begrenzt.

Die Bibel ist das Wort Gottes und was Jesus sagte, ist das Wort Gottes, aber in einfacher Sprache. Und es ist ein vorläufiges Wort Gottes. Die Geschichte mit Gott ist nämlich nicht mit Jesus zu Ende, sondern geht weiter, ja geht erst jetzt richtig los, jedoch ohne das von Jesus gelegte Fundament zu verlassen.

Viele fundamental glaubende Christen sagen, dass nur die Bibel das Fundament des Glaubens ist und dass mit Jesus die Wahrheit Gottes abgeschlossen ist. Aber gerade die Bibel spricht ja davon, dass es weiter geht. Wer bei der begrenzten Wahrheit zwischen zwei Buchdeckeln stehen bleibt, entwickelt sich nicht weiter. Natürlich soll und muss gerade das Neue Testament mit den Lehren Jesu und den Briefen der Apostel das Fundament sein und bleiben. Aber wir dürfen nicht ein Buch an die Stelle Gottes setzen. Wir glauben an einen lebendigen Gott, aber nicht an ein Buch. Selbst der Apostel Paulus hat schon sagen können: "Der

Buchstabe tötet, aber der Geist macht lebendig"
(2.Kor.3,6).
Natürlich darf man nicht "das Kind mit dem Bade
ausschütten". So ist die Gefahr dabei, dass man die
Bibel total beiseiteschiebt und nur noch seinem eigenen
Verstand zutraut, die Wahrheit zu finden. So ist es
leider heute. Bei vielen kirchlichen Verlautbarungen
hat man das Gefühl, dass die Verkünder die Bibel nicht
mehr kennen. Wir dürfen also nicht von einem Extrem ins andere
fallen. Weder darf die Bibel vergöttlicht werden, noch
die eigene Vernunft. Das Bindeglied ist der Heilige
Geist. Denn man kann die Bibel als Buch nicht
verstehen, indem man sie nur liest oder sie studiert. Ein
studierter Theologe kann auch ungläubig sein. Die
Bibel wirkt nicht durch sich selbst, sondern benötigt
den Heiligen Geist als Bindeglied. Er ist aber nicht nur
eine Chiffre oder ein theoretisches philosophisches
Konstrukt, sondern er ist etwas Lebendiges. Wie
müssen wir uns das vorstellen?
Der Katechismus der Kirchen, also ihre offizielle
Glaubenslehre, spricht von der "Trinität". Das heißt:
Der Heilige Geist ist ein Teil Gottes, neben Gott dem
Schöpfer des Alls und neben Jesus Christus, Seiner
Inkarnation. Leider verstehen selbst viele
Kirchenvertreter diese Wahrheit nicht, weil vielen der
Sinn für das Spirituelle fehlt. Die Trinität besagt nichts
anderes als dass Jesus Christus und der Heilige Geist
mit Gott zusammengehören, so wie Sonnenstrahlen zur
Sonne gehören. Niemand käme auf die Idee, die
Strahlen wären ein separater Teil der Sonne. Aber
genau dieser Vorwurf wird den Christen gemacht, dass
sie an drei Gottheiten glauben würden.

Also zurück zum Heiligen Geist! Im Alten Testament begegnen wir ihm schon, direkt am Anfang. Gleich der 2. Vers der Bibel spricht von ihm. "...und der Geist Gottes schwebte über den Wassern." (1.Mos.1,2). Wenn wir bedenken, dass Gottes Geist seine Wirkkraft ist, quasi seine Energie und sein Bewusstsein, dann könnte man auch übersetzen: Gott, der Schöpfer des gesamten Weltalls, erschafft die Erde, indem er seine Energie auf dem Planeten wirken lässt und Leben entstehen kann.

Später hat man in der Kirchengeschichte darüber gestritten, ob dieser Geist schon bei der Schöpfung da war oder erst mit Jesus Christus gekommen ist, weil er ja gesagt hat, dass er diesen erst senden wird, nachdem er zum Himmel gefahren ist. Aber damit sind zwei verschiedene Dinge gemeint. Der Geist Gottes war natürlich immer und überall da, so wie Gott es immer war, denn er ist ja nicht getrennt von Gott.

Wovon Jesus gesprochen hat, ist nicht der Geist an sich gemeint, sondern seine Kraft, die nun im Menschen wirkt. Wenn Jesus sagt: "Ich sende euch den Geist der Wahrheit", dann spricht er davon, dass er ihn *in* seine Jünger schicken wird und er sich *in* ihnen entfalten wird.

Das Ereignis, an dem dies geschehen ist, ist das sogenannte Pfingstwunder. Die Juden feierten das "Schawuot"-Fest. Viele Pilger aus den umliegenden Ländern kamen nach Jerusalem, um dem Empfang der Gesetzestafeln, die Gott dem Mose gegeben hatte, zu gedenken, 50 Tage (griech. "Pentekoste", jüd. "Schawuot", dt. "Pfingsten") nach dem jüdischen Erntedankfest. Die Gesetzestafeln des Mose, derer man an diesem Feiertag gedachte, sollten von nun an eine neue Bedeutung erhalten. Gemäß der Prophezeiung von Hesekiel 36,26: "Ich gebe euch ein neues Herz und einen neuen Geist will ich in euch geben", sollte nun das steinerne Gesetz, das für das Volk Israel gegeben wurde, nun für alle Völker in geistiger Gestalt wirksam sein. Beim Empfang an Mose machte Gott die Juden zu einem priesterlichen auserwählten Volk und nun beim Empfang des Heiligen Geistes sollte diese Erwählung an alle Völker gehen, die sich der Kirche Jesu Christi anschließen.

Wie geschah das? Wie die Apostelgeschichte (2,1ff) berichtet, waren alle Jünger in Jerusalem zusammengekommen. Mit einem Mal entwickelte sich ein Wind und ein Brausen und feurige Zungen fielen auf die Jünger herab (πνευμα hat die gleiche Bedeutung im Deutschen wie "Wind" und "Geist"). Das Brausen hörten auch die vielen Pilger auf der Straße und sie kamen herbei, um zu sehen, was dort geschehen sein mochte.

Als die feurigen Zungen auf die Jünger Jesu kamen, gerieten sie in einen anderen Bewusstseinszustand und predigten zu den Herbeigeeilten und etwas Erstaunliches geschah: Alle Fremden konnten verstehen, was sie sagten; jeder hörte sie in seiner Sprache sprechen. Und Petrus erzählte ihnen von Jesus, dass er in Jerusalem gekreuzigt wurde und am dritten Tage auferstanden ist. Und jetzt sei die Prophezeiung des Propheten Joel (3,1-5), der von der Ausgießung des Heiligen Geistes sprach, in Erfüllung gegangen. Manche von den Hörern lästerten und sagten, dass diese Männer besoffen seien. Aber viele, ca. 3000, glaubten ihnen und schlossen sich den Jüngern an. Das war der Beginn der universalen christlichen Religion.

Schon vor der öffentlichen Erscheinung Jesu predigte der Täufer Johannes vorausahnend auf dieses Ereignis: "Ich taufe euch mit Wasser zur Buße, der aber nach mir kommen wird, ist stärker als ich...der wird euch mit Heiligem Geist und mit Feuer taufen". In dem Brausen des Windes und in den feurigen Flammen ist dieses nun Wirklichkeit geworden. Und wie die Apostelgeschichte berichtet, wurden die Jünger Jesu von nun an befähigt, durch diesen empfangenen Geist, Wunder zu tun. Am augenfälligsten geschah dies durch Krankenheilungen, so wie Jesus es tat, oder durch besondere Befähigungen wie Prophetie, starker Glaube, Erkenntnis der Wahrheit, Unterscheidung der Geister, Zungenrede und vieles mehr (vgl.: 1.Kor.12,8-10 und Gal. 5,22).

In den nächsten Generationen der Christen wuchs die Kirche zunehmend. Und es war nötig, sie auch dem Zeitgeist zu erschließen. Die sogenannten Kirchenväter erklärten ihren Glauben in der Sprache der damaligen Philosophie. Viele Schriften sind uns aus der damaligen Zeit erhalten, z.B. von Tertullian, Clemens, Origenes oder Eusebius. Letzterem verdanken wir eine vollständige historische Aufzeichnung der Kirchenentwicklung von den Anfängen bis zum Beginn des christlichen Glaubens als anerkannte Religion 313 n. Chr. durch die Bekehrung Kaiser Konstantins. Jahre später gab es eine Deklarierung als Staatsreligion durch Kaiser Theodosius I. im Jahre 391.

Die Kirche entwickelte sich. Nicht nur in ihrer äußeren Erscheinung. Aus den anfänglichen Versammlungen (εκκλησια) in Privathäusern, wurden nun, nachdem die Christen nicht mehr verfolgt wurden, kirchliche Bauten errichtet. Auch geistig wurde die Lehre Jesu durchdacht und vertieft. Man vertraute auf die Führung des Heiligen Geistes.

Schon bald aber merkte man, dass die Lehre von Jesus von verschiedenen Seiten uminterpretiert wurde. Deshalb war es nötig geworden, (die in Kapitel 11 erwähnten) Synoden einzuberufen und den christlichen Glauben festzulegen.

Im Laufe der folgenden Jahrhunderte wirkte der Heilige Geist und schenkte den Christen manche Erkenntnis der Wahrheit, aber - ebenso wirkte auch der Gegengeist der Verwirrung und Lüge. Sobald eine Wahrheit in die Welt tritt, und sei es die geoffenbarte Wahrheit Gottes, wird sie in dieser Welt der Dualität verfälscht. Diese Welt ist nicht das Paradies, der Ort der Wahrheit und Gegenwart Gottes. In dieser wirkt noch ein anderer, nämlich der, den Martin Luther den "Fürst dieser Welt" nennt in Anlehnung an die Bibelstelle von Joh. 16,11.

Dieser Fürst hat ein Lieblingsziel, nämlich die Kirche Jesu Christi, die Kirche des Heiligen Geistes, in Misskredit zu bringen. Wo immer er kann, verfälscht er die reine Lehre, wo immer es geht, verführt er die Nachfolger Christi. Und wann immer es ihm gelungen ist, gibt es einen Aufschrei der Empörung gegen die Kirche.

Die heutige Debatte um Kindesmissbrauch ist nur ein Beispiel dafür, zugegeben, ein sehr gelungenes. Kirchenferne Menschen sagen sich dann, dass man der Kirche als Ganze nicht vertrauen kann, dass alle Priester Heuchler und alle Gläubige dumme Schafe sind.

Wenn Christen also dem Heiligen Geist Gottes vertrauen und im Glaubensbekenntnis beten: "Ich glaube an den Heiligen Geist und die Heilige

Christliche Kirche", so sagen sie damit nicht, dass die Kirche ohne Fehler sei oder jede Interpretation durch die kirchliche Lehrmeinung der Offenbarung Gottes die Wahrheit sei. Natürlich enthält sie die göttliche Wahrheit, daran muss man festhalten; aber niemals darf man ohne Sinn und Verstand an das Wort Gottes herangehen. Denn man muss immer wissen, dass in dieser Welt, die nicht rein göttlich ist, alles verfälscht werden kann. Es gibt in dieser Welt keine reine Wahrheit, weil diese Welt nicht vollkommen ist. Immer wieder muss unbedingt betont werden: Hier ist (noch) nicht das Paradies! Weder in der Moral (nobody is perfect), noch in der Lehre gibt es Vollkommenheit.

Nun stellt sich die Frage: Wenn alles unvollkommen ist und diese Welt sowohl vom Heiligen Geist als auch vom Gegengeist regiert wird, wie kann man dann erkennen, wo der unverfälschte Heilige Geist Gottes herrscht?

Ein Kriterium ist die Kenntnis des schriftlich fixierten Wort Gottes, das wir in der Bibel finden. Aber auch hier stellt sich die Frage: Inwieweit ist bereits dieses verfälscht? Eine geschriebene Wahrheit ist ja bereits sui generis verfälscht, da etwas Festes niemals etwas Bewegliches darstellen kann und etwas Weltliches niemals etwas Göttliches.

Ein reines Leinen beispielsweise kann noch so rein sein, wenn man es in einer verschmutzten Gegend auf eine Wäscheleine hängt, wird es - obwohl vorher sauber - dreckig. Die Wahrheit wird, wenn sie in die duale Wirklichkeit eintritt, ebenfalls zweideutig.

Nun also, woran kann man den Heiligen Geist erkennen?

Jesus drückt es so aus: "An ihren Früchten sollt ihr sie erkennen" (Mt.7,16). Als er in seiner berühmten Bergpredigt davon sprach, dass es viele "falsche Propheten" in dieser Welt gibt, die außen wie Schafe daherkommen, aber inwendig wie reißende Wölfe sind, sprach er davon, dass man die wahren Lehrer der Kirchen an ihren Werken erkennen kann. Es ist nicht möglich, gute Früchte von schlechten Bäumen zu ernten oder Trauben von Dornen oder Feigen von Disteln.

Wenn wir dieses Bild auf unsere Frage nach der Erkennbarkeit des Heiligen Geistes übertragen, muss man festhalten:

- Ein wahrer Geist bringt Heilung, ein falscher Geist Krankheit.
- Ein wahrer Geist bringt gute Gefühle und macht glücklich, ein falscher Geist Angst, Hass und Depression.
- Ein wahrer Geist bringt Liebe für alle Wesen, ein falscher Geist ist herzlos.
- Ein wahrer Geist hilft, ein falscher Geist zerstört.
- Ein wahrer Geist schafft Ordnung und Harmonie, ein falscher Geist Chaos und Disharmonie.
- Ein wahrer Geist erkennt Sinn, einem falschen Geist ist alles sinnlos und relativ.
- Ein wahrer Geist schenkt Ruhe, Kontemplation, Ausgeglichenheit (hat die wahre Mitte gefunden) und Kraft. Ein falscher Geist Hast, Unruhe, Zerstrittenheit, Schwäche.
- Ein wahrer Geist baut auf, ein falscher Geist drückt nieder.
- Ein wahrer Geist ist genügsam, ein falscher Geist will immer mehr.

- Ein wahrer Geist ruht in sich, ein falscher Geist findet nur im Äußeren Befriedigung.

Diese Liste ließe sich unendlich weiterführen. Man denke nur an die 10 Gebote, die darauf hinweisen oder auf die Früchte des Geistes, wie sie im Neuen Testament beschrieben sind, in Gal. 5, 19-21: "Die Werke des Gegengeistes (wörtlich: des Fleisches) sind erkennbar: Unzucht, Unreinheit, Ausschweifung, Götzendienst, Zauberei, Feindschaft, Zank, Eifersucht, Wut, Streit, Spaltung, Parteilichkeit, Neid, Mord, Saufen, Fressen und vieles mehr. ...Die Frucht aber, die der Heilige Geist wirkt, ist Liebe, Freude, Friede, Geduld, Freundlichkeit, Güte, Treue, Sanftmut, Keuschheit (= Sexuelle Selbstbeherrschung)".

Ein jeder mag auch an sich selbst denken, welche Beispiele ihm einfallen. Generell kann man sagen: Das, was aufbauend ist und heilsam und dem Wohl des Nächsten dient und Gott mit einbezieht, das ist vom Heiligen Geist. So, wie es schon im § 1 aller Gebote (das wichtigste der Gebote) von Jesus formuliert wurde: "Ihr sollt Gott lieben und euren Nächsten wie euch selbst" (Mt.22,37-39).

Neben diesen beschriebenen Wirkungen des Heiligen Geistes, die das zwischenmenschliche Miteinander betreffen, und für alle gelten, gibt es noch eine spirituelle oder geistige Ebene, die nicht jeden betrifft, sondern besondere Gaben einzelner glaubender Menschen sind. Im 1. Brief des Paulus an die Korinther, schreibt dieser von verschiedenen Geistesgaben, die es in einer christlichen Gemeinschaft geben sollte: "Es gibt verschiedene Wirkungen desselben Geistes....dem einen wird durch den Geist eingegeben, Weisheit und Erkenntnis zu erlangen, wieder einem anderen besonders starker Glaube und Vertrauen, wieder einem anderen ist die Gnadengabe des Heilens gegeben, einem weiteren, Wunder zu tun oder Prophezeiungen zu machen, Geister zu unterscheiden, in Zungen zu reden (das bedeutet in einer geistigen Sprache, die es nicht auf dieser Welt gibt und die direkt vom Heiligen Geist kommt, zu reden), und einem anderen, diese Sprache zu übersetzen" (nach 1.Kor.12,6ff).

Mancher wird sich auch an die Abschiedsrede Jesu erinnern, als er sagte: "Das sind die Zeichen, die den Gläubigen zuteilwerden: In meinem Namen werden sie Dämonen austreiben, Schlangen werden sie unbeschadet in die Hand nehmen, wenn sie etwas Tödliches trinken, wird es ihnen nicht schaden, in neuen Sprachen werden sie reden und den Kranken die Hände auflegen und es wird ihnen besser werden" (nach Mk.16,17).

Sicher mag mancher denken, dass dies alles nicht wörtlich zu verstehen sein kann. Doch, ist es aber; wenn man genau liest, müsste auch klar sein, dass eben nicht jedem diese speziellen Geistesgaben gegeben sind. In der Apostelgeschichte wird eben das beschrieben. Die Jünger Jesu hatten diese Macht. Und wer sich mit der Kirchengeschichte befasst, wird immer wieder feststellen, dass viele sog. Heilige diese Gaben hatten.

Und prinzipiell gibt es diese Gaben auch heute noch und sie können jedem Glaubenden gegeben werden. Es sind eben keine weltlichen Gaben, sondern ganz spezielle geistige und überweltliche Gaben Gottes.

Aber wie wenige glauben daran?! Leider, leider gibt es innerhalb der Kirchenführer nur einzelne, die es für möglich halten. Zu sehr wurde denen, die jetzt an der oberen Spitze der kirchlichen Hierarchie angelangt sind, die "68er-Revolution" mit all seinen atheistischen Begleiterscheinungen indoktriniert. Wenn die Kirche nicht endlich wieder ihre spirituelle Seite entdeckt, wird sie untergehen.

Im Johannes-Evangelium steht geschrieben: "Der Geist weht, wo er will...". Bedeutet das, dass jeder Mensch den Geist Gottes hat oder erhalten kann? Viele meinen das; auch manche Theologen. Man muss hier aber auch unterscheiden! Wie wir gesehen haben, war der Geist Gottes immer schon vorhanden. Und mit ihm - da er ja zu Gott wesentlich gehört, so wie der Geist des Menschen zu diesem wesentlich gehört - wirkt Gott von Anfang an (siehe Gen.1,2). Und mit ihm spricht er zu den Menschen, mit ihm hat er dem Menschen die Seele (hebräisch: Näfäsch) eingeblasen (Gen.2,7), und so fort. Alles, was Gott je getan hat, hat er mit seinem Geist getan. Wie das Glaubensdogma von der Trinität besagt, ist es ja Gott, der Schöpfer, der jenseits aller Vorstellung ist (Deus absconditus), und der Sohn, der historisch als Gott offenbar wurde, und zwischen diesen der Heilige Geist gewissermaßen als Bindeglied.

Das bedeutet: Der Heilige Geist ist das Werkzeug Gottes oder besser: seine Hand, mit der er auf Erden wirkt. Diese hat er zu allen Zeiten gehabt, wie hätte er sonst wirken können? Und mit dieser seiner Geisteskraft hat er die Menschen geführt, berührt oder zur Erkenntnis der Wahrheit gebracht. Und beim Pfingstereignis (s. o) gab er seinen Geist "in" die Menschen, aber eben nicht in jeden beliebigen.

Im Neuen Testament erfahren wir, dass viele diesen Geist haben wollten und den Aposteln sogar Geld dafür geben wollten, so als könnte man die Geistesgabe erlernen oder erkaufen. Sie waren nämlich begierig danach, die Wunderwirkungen und Krankenheilungsgaben zu erhalten, vielleicht um damit beruflich Geld zu machen. Diesen Menschen wurde es verwehrt, denn das ist nicht im Sinne Gottes. Die Geistesgabe wurde zwar durch Menschen gespendet, aber sie erfolgte nicht automatisch, sondern nach dem Willen Gottes. Er allein entscheidet, wer sie erhalten wird. So hat Gott es auch gelegentlich selbst getan, ohne Zutun der Menschen.

In der Bibel, im Alten Testament, also schon vor dem Pfingstereignis, finden wir häufig die Formulierung "und der Geist Gottes geriet über ihn" (z.B. in 1.Sam.10,10). Bei der Formulierung "über ihn" muss man nicht denken, dass der Geist nur oberhalb der Person wirkt, nein, damit ist immer auch gemeint, dass er "in" ihm wirkt. Aber das war anders als der Geistempfang zu Pfingsten.

Nach dem Empfang des Heiligen Geistes im Pfingstereignis, gebot Gott den Aposteln nämlich zusätzlich diesen zu "verwalten", in dem Sinne, dass sie den Geist spenden dürfen, wann immer es Gott ihnen eingibt zu tun.

Wie geschah das? Es geschah durch Handauflegung, nach Empfang der Taufe. Es war ein sehr wirksamer Ritus, der den Glauben stärkte und ihnen die Gnadengaben verlieh. Wie die Apostelgeschichte aufzeigt, geschahen viele Wunder nach diesem Akt.

Bis heute hat die Katholische und Orthodoxe Kirche diesen Ritus tradiert, ebenso ist er in der Anglikanischen und Altkatholischen Kirche zu finden.

In der Evangelischen Kirche gibt es diesen Akt nicht mehr. Nur die Konfirmation ist - im fragwürdigen Alter von ca. 14 Jahren - noch erhalten. Hierbei handelt es sich aber nicht um einen Empfang des Heiligen Geistes, sondern nur um eine Bestätigung des Glaubens. Auch bei Erwachsenen wird es nicht praktiziert.

Ist es ein Wunder, dass die Kirche heute kraftlos geworden ist? Eine Kirche ohne Heiligen Geist wird untergehen. Für die evangelische Kirche trifft dies als erstes zu. Aber auch die katholischen Kirchen werden davon betroffen sein. Auch bei ihnen ist der Ritus oft nur noch ein kraftloser Akt purer Tradition. Besonders nach dem 2. Vatikanischen Konzil und im fragwürdigen Aufbruch der sog. 68er-Bewegung hat sich der Glaube an den Heiligen Geist und seinen Wirkungen mehr und mehr abgeschwächt. Als Parallelbewegung hat sich bereits Anfang des 20. Jahrhunderts eine sog. "Pfingstbewegung" gebildet, die versucht, diese Bedeutung wieder aufleben zu lassen. Ursprünglich ist sie in protestantischen Freikirchen entstanden, ist nun aber auch in evangelische und katholische Gemeinden teilweise eingedrungen. Ob die oft sektiererisch wirkenden Gemeinschaften sich positiv auf die Kirchen auswirken, soll hier nicht das Thema sein.

Eine prinzipielle Frage steht noch im Raum. Reicht es nicht, wenn man "nur" getauft ist? Reicht es nicht, wenn man zu Gottesdiensten geht und ein ansonsten anständiges Leben führt? Muss man unbedingt auch die oben genannten Geistesgaben haben, um errettet zu sein (um in den Himmel zu kommen) oder um sich Christ zu nennen? Wenn es um die Gaben des Geistes geht, muss man sagen: Wer unbedingt darauf verzichten will, der mag es tun. Wer nicht die Fülle des Glaubens genießen mag, dann bitteschön, es steht jedem frei. Der Heilige Geist hat nicht die primäre Aufgabe, dass er den Menschen eine Wunderkraft verleiht. Die Aufgabe des Geistes Gottes liegt darin, Gemeinschaft mit Gott herzustellen. Er ist quasi das "Fluidum", der geistige Bereich, in dem der Mensch Gott nahe ist. Wer "in" diesem Geist ist, der hat Gemeinschaft mit Gott, mit Christus, mit den Engeln, mit den Heiligen und mit allen Gliedern der wahren Kirche. Der Heilige Geist ist die "Zwischenwelt" oder anders ausgedrückt, der "Seinsbereich" zwischen dem göttlichen Himmel und Erde, zwischen unsichtbarer und sichtbarer Welt. Er ist im Menschen und der Mensch ist im Geist. Wenn Paulus also predigt: "Wandelt *im* Geist..." (Gal.5,16), dann meint er genau das. In der Theologie nennt man das "Mystik". Man betritt eine andere Dimension, man erhält einen anderen Bewusstseinszustand. Man ist "ver - rückt", in dem Sinne, dass man sein Fundament nicht mehr in der Welt hat, sondern in einen anderen Bereich "gerückt" ist.

Wenn der Gläubige sich hierein begibt, indem er z.B. im Gebet versunken ist, erhält er Zugang in die spirituelle Dimension des Glaubens. Wenige sensitiv veranlagte Menschen können das visualisieren (sehen), viele aber spüren.

Wer diese Sensibilität nicht hat - und das sind die meisten - der wird aber auf jeden Fall unbemerkt von dieser göttlichen Welt beeinflusst. So wie der Apostel Paulus es nennt: "Nun lebe ich nicht mehr allein, sondern Christus lebt in mir" (Gal.2,20). Durch den Heiligen Geist werden wir von Gott geführt und haben Gemeinschaft mit seiner Welt.

Leider verstehen viele Christen diese Wahrheit nicht. Für sie findet Religion nur als ein Fürwahrhalten statt, als eine Weltanschauung, wenn überhaupt. Wenn man also von *den* Christen spricht und sie alle in einen "Topf" steckt, um sie besser kritisieren zu können, muss man bedenken, dass es Unterschiede gibt.

Es gibt "Namenschristen" (Sie zahlen nur Kirchensteuer, gehen nicht zur Kirche und kümmern sich nicht um den Glauben).

Es gibt "Fürwahrhaltenschristen" (Sie haben nur eine christliche Weltanschauung).

Es gibt "Werkchristen" (sie halten die Gebote und sagen: Wenn man Gutes tut, ist man Christ).

Es gib "Glaubenschristen" (sie lesen die Bibel und beten).

Es gibt spirituelle Christen (Sie haben einen Sinn für Gottes geistige Welt).

Und es gibt Heilige (Sie erleben oder sehen die Welt Gottes, haben Gemeinschaft mit Engeln, anderen Heiligen [z.B. Maria] oder Jesus Christus und mit Gott in seiner Herrlichkeit).

In den sogenannten Freikirchen klassifiziert man gerne danach, ob jemand "wiedergeboren" ist. Man fragt dann: "Bist du ein wiedergeborener Christ?". Dabei bezieht man sich auf das Johannesevangelium, Kapitel 3, wo Jesus zu Nikodemus sagt: "Du musst wiedergeboren sein, um das Reich Gottes zu sehen". Diese Wiedergeburt ist eine bewusste Hinwendung zu Gott und Jesus Christus. Es ist richtig: Ein wahrer Christ muss ein bewusstes "Ja" gesagt haben, in der Taufe und im Bekenntnis. Das ist die Grundvoraussetzung.

Hier mag es vielleicht einen Einwand geben, ob man Menschen so klassifizieren soll. Gewiss, es gibt Mischformen und innerhalb eines Lebens gibt es auch unterschiedliche Entwicklungen. Aber zum besseren Verständnis und gegen Kritik von außen gegenüber Christen, sollte man schon differenzieren können. Der wahre Glaube darf sich nicht durch schlechte Beispiele verunglimpfen lassen.

Kapitel 13
Die Konsequenz für die Kirche heute

Jesu Eschatologie (Naherwartung Gottes) bezog sich nicht auf die Zukunft, sondern auf die Gegenwart. "Die Zeit ist erfüllt und das Reich Gottes ist herbeigekommen," (Mk.1,15) "und es ist mitten unter euch." Lk.17,21), sagte er. Mit Jesus selbst ist es schon da, sichtbar in ihm und als Gottes Gegenwart in geistiger Weise. Auch wenn die meisten Menschen nichts davon spüren, ist Gott da, wie Radiowellen da sind, die man auch nicht sehen kann. Das bedeutet: Wenn wir mit ihm sprechen, hört er uns; auch wenn wir ihn nicht sehen, sieht er uns. Das ist konsequente Eschatologie! Wir brauchen nicht auf eine Zukunft starren, denn er ist jetzt schon da. Warten und hoffen lähmt uns. Und es klammert Gott aus dem Alltag aus. Es macht das Leben säkular (weltlich, ohne nach Gott zu fragen). Diese Säkularität war es auch, die die Reformation in ihrem Kern gelähmt hat bis heute. Schon Martin Luther hatte sinngemäß gesagt, dass es reiche, wenn ein Schuster gute Schuhe machen kann, er brauche sich nicht weiter um geistige Dinge kümmern, das sollen die Theologen machen. Diese Worte wurden aber falsch verstanden und heute in besonderer Weise. Denn man verstand, dass man sein Leben auf das Diesseits richten und den "Lieben Gott einen guten Mann sein lassen" soll. Das ist aber wahrlich nicht Jesu Botschaft. Seine Botschaft war: "Darum sollst du den Herrn unseren Gott lieben mit ganzem Herzen und ganzer Seele, mit all deinen Gedanken und all deiner Kraft" (Mk.12.30). Das ist gelebte Spiritualität! Auch ein Schuster kann spirituell sein und sich Gedanken um den Sinn des Lebens machen und ein gottbewusstes Leben führen.

Die oberste Verkündigung der Kirche muss also Gott sein! Sie muss überhaupt erst einmal davon reden, dass es ihn gibt und sich nicht von dubiosen "Gott ist tot" - Fantastereien beirren lassen. Sie muss davon reden, dass Gott nicht nur existiert, sondern dass man mit ihm Kontakt aufnehmen kann und das nicht erst in der Zukunft. Nur in Gemeinschaft mit ihm gibt es Religion, nicht in Spekulationen. Nur wo Gott erfahren wird, ist wahrer Glaube möglich.

Die Aufgabe der Kirche muss daher sein, diese Erfahrbarkeit zu vermitteln. Sie muss Wege aufzeigen, wie man Gott begegnen kann. Natürlich vermag dies nur eine spirituell erwachte Person. Leider ermangelt es der Kirche oft solcher Pastoren. Manchmal allerdings geschehen Wunder, obwohl ihre Diener oftmals damit wenig zu tun haben. Wie kann das geschehen?

Das liegt an Gott selbst, der ein Interesse daran hat, den Menschen seine Liebe zu zeigen. Und das tut er, obwohl mancher Kirchenvertreter den Glaubenden oftmals den Himmel verschließt, statt ihn zu öffnen.

Gott sei Dank, ist die Kirche nicht Eigentum der Menschen, sondern Gottes Besitz. "Himmel und Erde werden vergehen, aber mein Wort wird nicht vergehen", spricht Jesus (Mt. 24.35) und damit ist die Kirche an sich, also die unsichtbare Kirche (Ecclesia invisibilis) gemeint, unabhängig von menschlichen Institutionen.

Gott wirkt in seiner Kirche, oft ohne Zutun der Menschen. Neben dem verkündeten Wort Gottes als Seine Wirkung, gibt es noch etwas, das oft übersehen oder unterschätzt wird. Das sind die kirchlichen

"Heilmittel", die sogenannten "Sakramentalien". Neben den "Sakramenten" (wie z.B. das Heilige Abendmahl, Taufe und Buße), sind dies geweihte Materialien und Aufgaben. Etwas Geweihtes ist etwas, das Gott gehört. Es ist dem säkularen (= weltlichen) Bereich entzogen und dem überweltlichen Reich Gottes übergeben. So werden zum Beispiel die Geräte für das Abendmahl, also der Kelch und dazugehörende Dinge für den heiligen Gebrauch der Sakramente geweiht. Bevor eine Kirche nach dem Bau benutzt wird, erfährt auch sie eine besondere Weihe, weil sie ab nun der Welt entzogen ist und dem Dienst an Gott zur Verfügung steht. Das ist auch der Grund, weshalb fast jeder Mensch, wenn er eine Kirche betritt, von dieser besonderen Atmosphäre berührt ist, dass er das Gefühl hat, nun in eine andere Welt eingetaucht zu sein. Das Unterbewusste des Menschen nimmt intuitiv diese heilige Wahrheit wahr, ebenso die Anwesenheit des Geistes Gottes, der in der Kirche und den geweihten Dingen ist. Er spürt eine heilige Präsenz.

Es gibt den Ausspruch von dem französischen Theologen Alfred Loisy (geb. 1857): "Jesus hat das Reich Gottes verkündigt, aber gekommen ist die Kirche". Obwohl Loisy das kritisch gesagt hatte, nämlich in dem Sinne, dass Jesus sich vertan habe, so ist diese Aussage aber trotzdem wahr. Denn die Kirche ist das verheißene Reich Gottes! Damit ist mit Sicherheit nicht das "Bodenpersonal" gemeint, also die menschliche Institution, auch nicht das Kirchengebäude, sondern damit ist die "Ecclesia invisibilis", die unsichtbare (also geistige) Kirche gemeint, die, die durch das Pfingstereignis mit der Ausgießung des Heiligen Geistes, entstanden ist. Diese

Präsenz des Heiligen Geistes ist es, die in Kirchenräumen zu spüren ist. Es ist die Gegenwart Gottes selbst! Man fragt sich ja oft: Warum gehen die Menschen zur Kirche? Warum gehen sie trotz oft langweiliger Predigten dorthin? Es liegt daran, dass sie die Gegenwart Gottes spüren wollen. Oft wird der Kirche mit ihrer Ausschmückung des Altars vorgeworfen, prunksüchtig zu sein. Der Hauptgrund aber ist, das Reich Gottes so gut es geht, abzubilden. Das geht nur mit reinen Materialien, wie zum Beispiel Gold. Dieses Edelmetall verdeutlicht unbewusst das Reine, Edle und Vollkommene. Warum sind die Menschen so hinter Gold her, eben weil sie in ihrer Seele dieses Göttliche spüren, oft ohne zu wissen, was sie da spüren. Wer einen Altar anschaut, jedenfalls geht es mir so, der sieht das Licht Gottes, dem wir nach unserem Ableben entgegen gehen. Oft, wenn ich dann zu Hause beim Gebet bin und mir keine rechten Worte einfallen, sehe ich den Altar im Geiste vor mir, oder die ausgestellte Monstranz mit ihrem Glanz und kann ohne Worte zu Gott beten, weil ich sein Reich versinnbildlicht vor mir sehe. Ich möchte behaupten, ein geweihter Altar verdeutlicht genau das, was einem Menschen geschieht, der eine Nahtoderfahrung macht; wie dies bei meinem Großvater war; als er das "Goldene Jerusalem" sah. Ein Bild sagt mehr als tausend Worte! Man muss sich vergegenwärtigen, dass Kirchen als Ort der Verkündigung entstanden sind. Nicht nur als Ansprache über den Verstand, sondern auch als Verkündigung für das Auge oder das Herz. Früher konnte nicht jeder lesen und er war froh, über Bilder alles vermittelt zu bekommen und somit eine Verkündigung direkt an unsere Seele durch die geheiligten, gottgeweihten Dinge, die Sakramentalien. Es gibt sensitiv veranlagte Menschen, die sofort spüren, ob Orte oder Dinge gottgeweiht, also Gott übergeben sind, unter anderen war dies bei der o.g. Therese von Konnersreuth der Fall. Es sind also nicht nur symbolische Aktionen, wenn etwas geweiht wird, es sind mächtige, geistige Realitäten.

Bei manchen Gottesdiensten hat man nicht viel von der Predigt, weil sie nicht ansprechend ist oder weil sie z.b. nicht gut vorbereitet ist. Aber diese eine Stunde, wo der Blick zum Altar gerichtet ist, auf das goldene Licht der Monstranz und der Kerzen oder das Antlitz Christi, der sich als Kirchenfenster oder Figur über dem Altar befindet, das alles prägt unser Inneres und stärkt uns lange Zeit. Und wenn man noch am Heiligen Abendmahl teilnimmt, geht es vielen so, dass sie noch mehr Heiligkeit Gottes empfangen. Diese Heiligkeit ist eine inwendige Kraft, die uns von Gott geschenkt wird. Sie ist die Erfahrbarkeit des Spiritus Gottes, des Heiligen Geistes. Wer empfänglich dafür ist, der spürt eine "Präsenz", eine wirkliche Gegenwart der himmlischen Welt. Hier muss man nichts mehr für wahr halten, hier weiß man es einfach, hier spürt man die Wahrheit in Person. Hier wird deutlich, dass Gott nicht eine unpersönliche kosmische Kraft ist, sondern dass er ein "Herz" hat, dass er absolute Liebe ist. Diese Erfahrung macht süchtig im positiven Sinne, denn hier findet die Seele das, was sie "sucht". "Denn das menschliche Herz ist unruhig, bis es ruhet in Gott" (Hl. Augustinus). Denn von Gott her kommt der Mensch und zu Gott will er wieder hin. Hier hat Sigmund Freud nicht ganz unrecht, wenn er behauptet, dass der Mensch unheilbar religiös ist, denn der Mensch muss es sein, weil dort, bei Gott, seine Heimat ist. Alles, was in der Kirche zu sehen ist, soll ein Medium sein zwischen Gott und Mensch, soll zeichenhaft auf seine Realität hinweisen.

Und hier liegt die Aufgabe der Kirche! Die Welt ist weltlich genug, die Kirche muss nicht auch noch weltlich predigen. Sie muss nicht in den Rundfunksendungen oder im "Wort zum Sonntag" im Fernsehen über politische Dinge reden. Sie muss nicht sagen: "Tue Gutes!, Hilf deinem Nächsten!" Das wissen sogar Agnostiker in der Regel. Aber die kirchlichen Vertreter müssen das sagen, was nicht offensichtlich und allgemein verständlich scheint: Sie müssen von Gott reden; müssen vom Geist reden; müssen von der Wirklichkeit reden, die jenseits des Materiellen da ist; müssen von der Wahrheit des Ewigen Lebens reden. Und sie müssen über den Sinn des Lebens aufklären und über die Folgen eines egoistischen Lebens. Sie müssen davon reden, dass das Motto falsch ist, das da sagt: "Genieße das Leben, auch auf Kosten anderer, denn morgen sind wir tot." Sie muss davon reden, dass jedes Tun auch Folgen hat nach dem Tod. Das alles sind die Verkündigungen und Aufgaben der Kirche.

Und wenn dieses geistige Fundament steht, *dann* erst darf sie von Ethik sprechen, vom Verhalten in der Gesellschaft, dann erst darf sie "Politik" machen.

Dann kann sie fundamental mitreden.

Wir haben gesagt, was das Fundament der Kirche ist. Auf einen Nenner gebracht, ist es die spirituelle Grundlage, von der alles her kommt. Wenn diese klar ist, dann kann auch ihre gesellschaftliche Aufgabe klar sein.

Bisher haben wir in jedem Kapitel von dem *geistigen* Fundament gesprochen. Dennoch ist es nie Aufgabe der Kirche gewesen, *nur* vom Jenseits zu reden. Das wäre genauso falsch, als würde die Kirche nur von Politik reden ohne ihren geistigen Urgrund, wie es heute leider allzu oft getan wird.

Wie sieht aber eine sogenannte "Politik" der Kirche aus?

Wenn die allererste Aufgabe der Kirche spiritueller Natur sein soll, so ist damit gleichzeitig gesagt, dass sie auf die einzelne Person als Individuum gerichtet ist. Denn niemand kann für einen anderen glauben, niemand für einen anderen ein gottbewusstes Leben führen. Das kann nur jeder für sich selbst. Gott spricht durch die Kirche in Predigt oder in Sakramenten und Sakramentalien immer nur den Einzelnen an. Es kann nur ein Individuum "wiedergeboren" werden, sich zu Gott bekehren; niemand kann es für einen anderen tun. Wenn es viele tun, um so besser, aber die Bekehrung ist immer ein persönlicher Akt. Deshalb ist jede Botschaft Gottes an die Menschheit, eine Botschaft an den Einzelnen zur Umkehr. Auch wenn in der Bibel der Plural gebraucht wird: "Kehret um!", so muss der Schritt immer vom Einzelnen vollzogen werden. Glauben kann man nicht verordnen! Man kann äußere Verhaltensregeln als Gesetz verordnen, aber niemals eine innere Einstellung. Die Gedanken sind (immer noch) frei. Wenn dann durch die Vielen, die sich zu Gott bekehrt haben, eine gesellschaftliche Bewegung entsteht, ist das eine gute Sache. Aber nur so: Vom Einzelnen zur Mehrheit, nicht umgekehrt.

Das ist der Unterschied zum Sozialismus. Das ist auch die Abwendung Jesu damals von den Zeloten. Dies war eine religiös politische Bewegung, die mit Gewalt das Reich Gottes herbeikämpfen wollte und sogar vorhatte, Jesus zu ihrem Führer auszurufen in der vermeintlichen Meinung, dass Jesus auch so denken würde. Aber ihnen entgegnete Jesus: "Mein Reich ist nicht von dieser Welt" (Joh.18,36), oder: "Gebt dem Kaiser was des Kaisers ist und Gott, was Gottes ist!" (Mt.22,21). Martin Luther sagte in seiner Schrift "Von der weltlichen Obrigkeit", dass Gott zwei Regimenter hat, ein weltliches und ein geistliches. Für das geistliche sind die Kirchenvertreter verantwortlich und für die weltlichen die Könige und Fürsten, etc.. Beides darf man nicht vermengen, sonst macht man einen großen Fehler. Zum Beispiel sagt Jesus, dass man Vergebung und Nächstenliebe als Christ praktizieren soll. Juristisch (also weltlich) angewandt, müsste das bedeuten, dass ein Straftäter nicht seiner Strafe zugeführt werden dürfte, sondern ihm gesellschaftlich vergeben werden müsse. Es würde ebenso bedeuten, dass ein Polizist einen Einbrecher oder Mörder nicht daran hindern dürfte, seine Tat zu tun, weil man ja selbst nicht verletzen oder töten darf. Und das Militär dürfte seinen Staat nicht verteidigen, wenn er von einer feindlichen Invasion bedroht wäre. Man müsste nach dem Motto Jesu handeln: "Ich aber sage Euch: Leistet dem, der euch etwas Böses tut, keinen Widerstand, sondern wenn dich einer auf die rechte Wange schlägt, dann halte ihm auch die linke hin" (Mt.5,39). Letzteres ist nicht an die "weltliche Obrigkeit", also an Justiz oder den Staat, gerichtet, sondern an den Einzelnen. Es ist streng genommen noch nicht einmal an jeden

Menschen gerichtet, sondern nur an einen Jünger Jesu, also an den, der an Jesus glaubt und ihm ernsthaft nachfolgt. Denn wahre Nächstenliebe, so wie Jesus sie versteht, kann nur gelingen im Besitz des Heiligen Geistes. Sie ist keine Anstrengung eines gewöhnlichen Menschen, sondern eine (oben besprochene) Geistesgabe.

Das scheinen die wortführenden Kirchenvertreter der Gegenwart höchstwahrscheinlich vergessen zu haben. Sie scheinen sich, obwohl sie sich lutherisch nennen, nicht mehr an die Lehre Martin Luthers erinnern zu können, wonach man die christliche Ethik (also das gläubige Verhalten) nicht allen überstülpen darf. Das sieht man allenthalben, wenn man täglich die Zeitungen aufschlägt. Permanent wird die christliche Verkündigung mit der Politik vermischt und nicht mehr unterschieden. Im Öffnen der staatlichen Grenzen z.B., in der Meinung, allen Menschen der Welt etwas Gutes zu tun, weil dies ja vermeintlich christlicher Glaube sei, geschieht es ohne an die Folgen der eigenen Bevölkerung zu denken. In der Meinung, sein eigenes Land schlecht zu reden, weil es ja aus falsch verstandenen christlichen Erwägungen, für ewig Buße tun müsse für Taten, die lange zurückliegen. Oder, als letztes Beispiel sei die Genderideologie genannt. So wird die Bibelstelle im Galaterbrief Kapitel 3, Vers 28, die die Stellung der Menschen vor Gott darstellt, völlig falsch gesellschaftlich uminterpretiert, indem man die geschlechtliche Verschiedenheit verneint. Dort heißt es nämlich: "...da ist nicht mehr Mann noch Frau...", und manche Theologen machen daraus eine Genderideologie. Man darf aber geistliche Dinge nicht zu politischen Doktrinen machen, dann wird alles falsch, dann werden Dinge auf den Kopf gestellt und es entsteht ein gesellschaftliches und geistliches Chaos. Vor Gott als geistige Wesen sind Mann und Frau gleich. Aber nirgendwo steht in der Bibel geschrieben, dass Mann und Frau auf Erden gleich seien. Nicht gleich sein heißt auch nicht, dass einer mehr wert sei als der andere, es heißt einfach nur, dass sie verschieden sind. Wer Augen hat, der sieht doch den Unterschied! Geistige Wahrheiten darf man nicht mit politischen Dingen vermischen.

Heißt das aber, dass die Kirche sich nicht mehr in politische Dinge einmischen darf? Das ist auch nicht der Fall. Selbst Martin Luther hat sich aus der Politik nicht herausgehalten. Er hat ständig die Fürsten an ihre von Gott gegebene Aufgabe ermahnt, sich um das Volk zu kümmern, es zu beschützen, es nicht auszubeuten usw. Das darf Kirche tun: Ermahnen und zur Ordnung rufen und darauf hinweisen, wo ein Politiker die Probleme seiner Wähler missachtet. Die "Weltlichen Führer" müssen mit Verstand und Weitsicht für Stadt, Land und Staat handeln.

Das eigentliche Problem von Kirche und Staat ist aber, dass die Kirche ihr spirituelles Fundament verloren zu haben scheint. Wenn sie selbst, bzw. ihre obersten Führer (Landesbischöfe), sich nur noch politisch verstehen und nicht mehr geistlich, dann verlassen sie den Auftrag Gottes; dann werden sie zu "Zeloten" (s.o.) oder bilden gar eine eigene Partei. Die Kirche hat sich in ihrer Theologie zu sehr an den "Weltgeist" angepasst und möchte immer mit dem Mainstream schwimmen, in dem falschen Glauben, dass sie nur so überleben könne. Das tut ihr aber nicht gut und der Politik letztendlich auch nicht.

Martin Luthers Kritik an dem Staat war immer gegründet auf das "Wort Gottes", nämlich die Bibel. Sie muss auch heute noch das Fundament der Kirche sein. Das ist leider immer weniger der Fall. Selbst die Bibel wird umgeschrieben, weil sie nicht genehm ist in vielen Dingen und nicht zum Zeitgeist passt. So wird aus dem Wort Gottes eine "Bibel in gerechter Sprache" (erschienen 2006). Sie soll dem Geist einer feministischen Theologie, einer Genderideologie, sowie eines sozialistischen Weltgeistes Rechnung tragen. Hier wird die Heiligkeit und das Wort Gottes mit Füßen getreten! Es war immer Tradition in all den Jahrhunderten der Kirche das Wort Gottes rein zu halten und selbst ein "Häkchen" (wrtl.: Jota) durfte nicht verändert werden, weil man das als Vergehen gegen Gott angesehen hat. (vgl.: hierzu die Bibelstelle in Mt.5,18.19).

Also nur durch die Bewahrung der Bibel und durch die Führung des Heiligen Geistes Gottes wird die Kirche zu ihrer eigensten Wahrheit wieder finden. Nur dadurch ist ein heilloses Durcheinander in Staat und Gesellschaft entstanden, weil die Kirche ihr Eigentliches - den Geist - verloren hat.

Wie kann die Kirche aussehen, die aus dem Geist heraus handelt? Was kann sie tun und wie kann sie es tun, dass ihre Ethik sinnvoll ist und Auswirkung hat für den Einzelnen und die Gesellschaft? Das soll schlussendlich das Resultat der Überlegungen sein.

Wenn der Geist Gottes und der Geist des Menschen, der Geist der Natur und des Universums, wenn also das Fundament des Lebens Geist ist, und erst recht die Verkündigung der Kirche vom Geist her bestimmt sein soll, dann ergibt sich ein ganz anderes Bild der christlichen Ethik. Dann muss diese nämlich nicht auf äußere materialistische Handlungen ausgerichtet sein, sondern auf das Innere des Menschen. Keine wirkliche Religion der Welt (außer dem Islam) vernachlässigt diese Wahrheit. "Suchet zuerst das Reich Gottes", dann erst kommt Politik (Mt.6,33), sagt Jesus. Eine gerechte Welt kann es nur geben, wenn die Veränderung, also die "Umkehr" (griech.: μετανοια), im einzelnen Menschen vollzogen wird.

Wie kann die Kirche dazu beitragen? Eine Möglichkeit ist die (heute viel gescholtene) Mission. Weil dieses Wort aber sehr in Misskredit gekommen ist, soll lieber von Evangelisation gesprochen werden. Es ist ein Verdienst der Freikirchen, dass sie darauf Wert legen. Sie handeln damit im Geiste Gottes und werden sicher dafür gesegnet sein. Das ist ihr Schatz. Dafür werden sie zu wenig gewürdigt. Am wenigsten von den katholischen Kirchen. Für sie sind alle Kirchen außerhalb ihrer Reihen keine wirklichen Kirchen. Gott sieht das sicher anders. Überall, wo Gott ernst genommen wird, da ist Gott gegenwärtig mit seinem Geist.

Der Schatz der katholischen Kirche ist weniger die Evangelisation (obwohl sie auch praktiziert wird), als vielmehr ihre Sakramente und Sakramentalien. Ihre Geistesgabe ist nicht so sehr die Vermittlung an den Verstand, sondern an das "Herz". Auch in der orthodoxen Kirche ist dies der Fall (s. "Glauben aus dem Herzen" - Eine Einführung in die Orthodoxie). Was bedeutet das? Mit Herz wird in der Bibel und in der Lehre der Kirche immer das Innerste des Menschen bezeichnet, also seine Seele und sein Geist. Dort geschieht in der "Verkündigung" der Sakramentalien etwas, was der Verstand zunächst nicht verstehen kann. Nämlich etwas Gefühltes, Berauschendes, Psychisches. Es fühlt sich an, als komme eine andere Kraft, in diesem Fall, die Kraft Gottes in einen hinein und verändert das Bewusstsein. Diese Bewusstseinsveränderung ist oft stärker als die Zweifel. Zweifel entstehen im Kopf. Und der kann dieses Erlebnis oft nicht fassen. Erst nach und nach, und das können Jahre sein, versteht er die Wahrheit dieses Geschehens. Warum braucht der Kopf länger? Das liegt daran, dass er mit Informationen seiner atheistischen und materialistischen Umwelt vollgestopft ist. Er muss sich erst nach und nach davon frei machen. Das meint die Bibel mit Umkehr.

Die Aufgabe der Kirche ist also die Vermittlung des Heiligen Geistes durch ihre Segensgaben. Jeder Kirchenbesucher wird beim Abschluss eines Gottesdienstes gesegnet mit den Worten: "Gehet hin im Frieden des Herrn", oder ähnlich. Jeder Pfarrer sollte sich darüber bewusst sein, dass solch ein Segen, gesprochen durch Worte oder Sakramentalien wie z.B. Weihwasser, eine nicht zu unterschätzende Wirkung hat. Er sollte die Gottesdienstbesucher auch darauf hinweisen. Denn wenn diese sich dessen bewusst sind, kann der Geist besser wirken, denn er fällt in ein offenes Herz. Bewusstseinsveränderung ist die Aufgabe der Kirche und das Heil, die Heilung und Heiligkeit. Wir haben im Kapitel 8 gesehen, dass Gott den ganzen Menschen heil machen möchte. Auch die Heilung einer Krankheit gehört also dazu. Nach biblischem Verständnis ist das gewollt (s. Jak.5,14).

Die Praxis der Kirche, wenn sie eine geistliche sein möchte, muss also darin bestehen, Geist zu vermitteln.

Sie muss Gottesdienste anbieten, wo sich Menschen bekehren können. Sie muss auch Segnungsgottesdienste anbieten, in denen Menschen durch Handauflegung und Segnungshandlungen von Gott berührt werden, damit sie Heil werden an Körper Seele und Geist.

Nachwort

Wir sind in dem Buch der Frage nachgegangen, was in der Kirche falsch läuft, wo ihre Wurzeln liegen und sie wieder Kraft schöpfen kann.

Die Hauptdiagnose ihrer Erkrankung, nämlich unter anderem die Kirchenaustritte, sahen wir darin, dass sie ihr geistiges Fundament verloren hat, indem sie sich fast nur noch, so hat es in der Öffentlichkeit den Anschein, politisch und sozial betätigt, den Menschen aber in seiner angeborenen Spiritualität allein lässt.

Diese spirituelle Seite muss sie aber wiedererlangen, sonst wird sie in der Belanglosigkeit unserer Gesellschaft untergehen. Ist es ein Wunder, dass gerade der Islam hier einzieht und uns quasi zwingt, wieder nach unseren Wurzeln zu fragen?

Diese ihre Wurzeln sind im Laufe der letzten Jahrhunderte verlorengegangen. Zum einen, weil die Kirche für die Menschen weitestgehend keine absolute Autorität mehr darstellte und zum anderen, weil die Naturwissenschaft ihre Erkenntnisse nur noch materiell begründete, in der vermeintlichen Meinung, nur so könne Wissenschaft beweisbar und logisch nachvollzogen werden.

So befasste man sich nicht mehr mit dem Geist und seinen Phänomenen und der Frage nach dem Übernatürlichen. Nur noch in geheimen Zirkeln wucherte dieser Glaube und trug zum Teil auch absonderliche Züge.

Der Glaube der Naturwissenschaft, dass nur das Materielle einen wahren Bestand haben könne und dass Geist, was immer er sein mochte, nur ein Produkt eines materiellen Gehirns sein kann, bekam in der Neuzeit einen gravierenden Dämpfer durch die Quantenphysik. Und durch die Bekanntgabe von Erlebnissen von Menschen, die tot waren und wiederbelebt werden konnten, wurde das Bewusstsein, dass mit dem Tod nicht alles vorbei sein kann, gestärkt. Diese Sichtweise wurde von wissenschaftlicher Seite aus von denen, die sich ernsthaft damit beschäftigten, bestätigt.

Plötzlich entdeckte man auch Parallelen in alten religiösen Schriften und begriff, dass dies nicht primitive Urkunden von vorwissenschaftlich denkenden Menschen sind, sondern dass sie ein tiefes Wissen über den Geist belegen.

Sie kann nämlich zu einem Denken beitragen, das nicht mehr nur eindimensional materialistisch, sondern dreidimensional ausgerichtet ist. Das bedeutet: Sie redet von Körper, Seele und Geist. Besonders in der Heilkunde und in der wahren Evolution des Menschen, also in seiner Selbstverwirklichung und Ganzwerdung ist dieses holographische (holos = ganz) Denken von nicht zu unterschätzender Wichtigkeit.

Die Bibel, als ebensolche archaische Urkunde, kann nun wieder ernst genommen, und muss nicht mehr „entmythologisiert" werden.

Auch die Glaubensbekenntnisse der Kirchen sind ein Zeugnis von geistiger Wahrheit und die Biographien aller Heiligen belegen das.

Nun könnte die Kirche von heute auf diese geistigen Schätze zurückgreifen und könnte mit gutem Gewissen wissenschaftlich mitreden und sich dafür stark machen, dass ihr Fundament nicht „von gestern" ist, sondern einen wichtigen Beitrag zur Erkenntnis des Lebens beisteuert. Warum aber tut sie es fast gar nicht und wenn, dann nur zögerlich?

Ein wesentlicher Grund ist sicher ihre materialistisch sozialistische Prägung der Theologie in den sechziger Jahren. Die Studenten von damals sind nun in der Führungsposition und bestimmen den Lauf der Kirche. Es scheint schwer zu sein, sich von einem Weltbild zu trennen, das nicht mehr aktuell ist. Man kann nur hoffen, dass kommende Generationen ohne Scheuklappen herumlaufen und sich öffnen können für geistige und spirituelle Wahrheiten.

Der Weg ist nun frei und mit der Hilfe Gottes dürfen wir an eine kraftvolle und geistig orientierte Kirche für die Zukunft glauben.

Und was bringt es mir und dir und uns allen? Was hat man davon, wenn es der Kirche gut geht?

Eine heile Kirche bringt uns Heil. Eine gottverbundene Kirche kann uns zu Gott führen. Das ist das Wichtigste im Leben, dass wir zurück finden durch Gottes Gnadengaben, die Er uns durch Seine Kirche schenkt, zurück in das verlorene himmlische Reich, aus dem wir vor Zeiten verwiesen wurden.

DEIN REICH KOMME!

Bibelzitate

Neues Testament:

Matthäus: 5,18.19 (S.156); 5,48 (S.98); 6,25 (S.8); 6,33 (S.125/157);); 7,16 (S.86/137); 7,24-27 (S.17); 9,2 (S.104); 9,22 (S.56/120); 11,4-6 (S.119); 14,22.23 (S.117); 15,29-31 (S.117); 18,20 (S.118/128); 19,21 (S.100); 22,21 (153); 22,37-39 (S.138); 24,35 (S.147); 26,52.53 (S.15/117).
Markus: 1,15 (S.146); 3,31-35 (S.105); 4,31-45 (S.117); 6,19 (S.117); 12,30 (S.146); 12,31 (S.108); 16,17 (S.139).
Lukas: 7,14 (S.117); 17,21 (S.99/146); 24,31 (S.128/119).
Johannes: 1,1 (S.57/61); 1,1-3 (S.64), 1,14 (S.116); 3,1ff (S.118); 4,24 (S.61/78/108); 5,19 (S.117); 6,15 (S.76); 8,12 (S.127); 8,16 (S.78); 8,58 (S.85); 12,12.13 (S.82); 12,5.6 (S.11); 14,2 (83/109); 14,13-14 (S.118); 15,5 (S.73); 15,18 (S.125); 16,11 (S.135); 16,12.13 (S.44/130); 18,36 (S.14/15/75/76/106/153), 29,19 (S.127).
Apostelgeschichte: 1,1-11 (S.126); 2,1ff (S.133); 2,17 (S.80); 7,55-56 (S.117); 9,5 (S.117).
Römerbrief: 3,23 (S.107); 6,14 (S.84); 8,14 (S.126).
1.Korinther: 11,27-29 (S.11); 12,6ff (S.139); 12,8-10 (S.134); 15,1-7 (S.117); 15,29 (S.127); 15,31 (S.78); 15,38ff (S.28); 15,50 (S.78); 15,59 (S.84).
2.Korinther: 3,6 (S.131); 4,6 (S.101).
Galater: 2,20 (S.143); 3,28 (S.154); 5,16 (S.143); 5,19-21 (S.138); 5,22 (S.107/134).
Hebräer: 1,3 (S.117).
Jakobus: 2,17 (S.7); 5,14 (S.158).

1.Petr.: 3,19 (S.127).
1.Johannes: 1,5; (S.101/127); 3,13 (S. 125); 4,1-4 (S.86/87); 4,16 (S.101).
Offenbarung (Apokalypse): 21,1.4.5 (S.129).

Altes Testament:

1.Mose (Genesis): 1,1-3.27.31 (S.62/63/64/108); 1,2 (S.132); 2,4-25 (S.64); 3,1-24 (S.67); 18,16ff (S.107).
2.Mose (Exodus): 20,5 (S.97).
4.Mose (Numeri): 22,25ff (S.29).
Psalm: 36,10 (S.127).
Hes.: 36,26 (S.133).
Joel: 3,1-5 (S.133).

<u>Anmerkung</u>
Die Bibelzitate in diesem Buch sind vom Verfasser unter Zuhilfenahme des griechischen Urtextes (Neues Testament) und des hebräischen Urtextes (Altes Testament), sowie anderer deutscher Übertragungen selbst übersetzt.

Literaturverzeichnis:

Alexander, Eben, Dr. med, Blick in die Ewigkeit, Ansata Verlag, München, 2013.

Bürgener, Karsten, Amt und Abendmahl, und was die Bibel dazu sagt, Selbstverlag,Bremen, 1985.

Franckh, Pierre, Das Gesetz der Resonanz, Koha-Verlag, 4.Aufl., Burgrain, 2010.

Galitis, Georg; Mantzaridis, Georg, Glauben aus dem Herzen, Eine Einführung in die Orthodoxie, Tr Verlagsunion, München, 1994.

Gogarten, Friedrich, Luthers Theologie, J.C.B. Mohr, Tübingen,1967.

Grof, Stanislav und Christina, Spirituelle Krisen, 2. Auflage, Schirner Verlag, Darmstadt, 2011.

Guitton, Jean, Bogdanov, Grichka und Igor, Gott und die Wissenschaft, Auf dem Weg zum Metarealismus, DTB Verlag GmbH, 4. Auflage, München 2000.

Hesemann, Michael, Stigmata, Sie tragen die Wundmale Christi, Verlag Silberschnur, Güllesheim, 2006.

Imhof, Beat, Woher wir kommen, wohin wir gehen, Der Himmel ist unsere Heimat, Aquamarin Verlag, Grafing, 2014.

Jakoby, Bernard, Auch du lebst ewig, Langen Müller, F.A. Herbig Verlagsbuchhandlung GmbH, München, 2000.

Kübler-Ross, Elisabeth, Über den Tod und das Leben danach, Silberschnur, Güllesheim, 2016.

Lorber, Jakob, Jenseits der Schwelle, Sterbeszenen, Lorber Verlag, 8.Aufl., Bietigheim - Bissingen, 1996.

Lucadou, Walter von, und Manfred Poser, Geister sind auch nur Menschen, Herder Verlag, Freiburg 1997.

Moody, Raymond A., Dr. med., Leben nach dem Tod, Rowohlt Verlag GmbH, Reinbek bei Hamburg, 1977.

Obereder, Horst und Ingeborg, Weihwasser und andere christliche Heilmittel, Mediatrix - Verlag, St. Andrä-Wördern, 3. Aufl. 2007.

Otto, Rudolf, Das Heilige, Über das Irrationale in der Idee des Göttlichen und sein Verhältnis zum Rationalen, C.H.Beck,München1963.

Passian, Rudolf, Der Engelreigen, Reichl Verlag, St. Goar, 2013.

Pöhlmann, Horst, Georg, Abriß der Dogmatik, Gütersloher Verlagshaus, 1980.

Risi, Armin, Unsichtbare Welten, Kosmische Hierarchien und die Bedeutung des menschlichen Lebens, Govinda-Verlag, Zürich,7.Aufl. 2015.

Sadhu Sundar Singh, Gesammelte Schriften, 8.Aufl., Evang. Missionsverlag GmbH, Stuttgart, 1972.

Sheldrake, Rupert, Das schöpferische Universum, F. A. Herbig GmbH, München 2008.

Simma, Maria, Meine Erlebnisse mit Armen Seelen, Christiana Verlag, Kißlegg, 2011.

Steubing, Hans, Bekenntnisse der Kirche, Theologischer Verlag Brockhaus, Wuppertal, 2. Aufl. 1977.

Swedenborg, Emanuel, Himmel und Hölle, Marixverlag GmbH, Wiesbaden, 2.Aufl., 2012.

Weischedel, Wilhelm, Der Gott der Philosophen, C.H. Beck, Nördlingen, 1971.

Bibliografische Information der Deutschen Nationalbibliothek:
Die Deutsche Nationalbibliothek verzeichnet diese Publikation
in der Deutschen Nationalbibliografie; detaillierte bibliografische
Daten sind im Internet über dnb.dnb.de abrufbar.

Herstellung und Verlag: BoD – Books on Demand, Norderstedt

ISBN 978-3-7528-0658-8